D1608038

Oráculo de los Ángeles
es editado por
EDICIONES LEA S.A.
Charcas 5066 C1425BOD
Ciudad de Buenos Aires, Argentina.
E-mail: info@edicioneslea.com
Web: www.edicioneslea.com

ISBN 978-987-634-319-0

Queda hecho el depósito que establece la Ley 11.723.
Prohibida su reproducción total o parcial, así como
su almacenamiento electrónico o mecánico.
Todos los derechos reservados.
© 2008 Ediciones Lea S.A.

Impreso en Argentina.
Segunda edición, 5000 ejemplares.
Esta edición se terminó de imprimir en
marzo de 2011 en Printing Books.

Colecchio, Miriam
    Oráculo de los ángeles : conocer el futuro con el poder angélico .
- 2a ed. - Buenos Aires : Ediciones Lea, 2011.
    160 p. ; 22x14 cm. - (Armonía; 47)

    ISBN 978-987-634-319-0

    1. Oráculos. 2. Angelología. I. Título
    CDD 130

Oráculo de los Ángeles

Conocer el futuro con el poder angélico

Miriam Colecchio

"Ustedes, ustedes a quienes nosotros amamos.
Somos mensajeros para acercar a quienes están lejos.
Somos mensajeros, llevamos luz a la oscuridad,
llevamos la palabra al que se cuestiona.
No somos la luz, no somos el mensaje.
Somos mensajeros. Nosotros no somos nada.
Ustedes lo son todo para nosotros".

Inicio de la película *Tan lejos tan cerca* (1993),
dirigida por: Wim Wenders.

Palabras preliminares

Hace ya mucho tiempo que los ángeles han pasado a formar parte de mi vida de un modo consciente. Claro que siempre han estado ahí, desde el comienzo, y si vuelvo mi mirada hacia atrás, puedo ver cómo me han llevado al punto en el que hoy estoy: ¡escribiendo sobre ellos!

Primero fue la etapa de la revelación, ellos respondieron de un modo tan rotundo a mis necesidades, que no tuve otra opción más que creer. Luego comencé a conocerlos, a estudiar sobre ellos y a profundizar esta relación; luego continúe por enseñar y transmitir este conocimiento a través de la palabra. Esta es una etapa bastante larga, diez años han pasado desde los primeros cursos hasta la actualidad, en que muchas personas han podido –del mismo modo que yo– abrirse a un mundo mágico, que está más allá de lo que se puede ver y tocar. Ahora ha "surgido" la posibilidad de realizar este oráculo que permite unir el conocimiento con la práctica. La idea es conocer a los ángeles para "hacer" con ellos.

En este *Oráculo de los Ángeles* pretendo develar un misterio: cómo es que estos seres actúan en nuestra vida cotidiana de un modo mucho más natural y espontáneo que lo que pensamos. Ellos están todo el tiempo intentando llegar a nosotros para guiarnos, allanar nuestros caminos, mejorar la calidad espiritual de nuestra vida y, ¿por qué no?, *angelizarnos*. El proceso de angelización personal es ir recuperando las potencias espirituales perdidas. El curso del alma es el de la elevación, el del acercamiento a Dios. Así es que el alma se angeliza, el ser se va llenando de luz y es posible a través de esta transmutación llegar a realizar las tareas angélicas. En este desarrollo cambiamos nuestro punto de vista, salimos de una mirada que nos limita y podemos llegar a ver como ellos ven, desde lo alto. Es, también, recuperar la inocencia y la confianza en algo más grande que lo que vemos.

Este Oráculo es un medio de relacionarse con los ángeles, pudiendo suceder que transcurrido un tiempo de práctica, se establezca un vínculo de amistad con ellos. ¡Y dime con quién andas que te diré quién eres! Se ha comenzado, así, el proceso de angelización; poder ver el mundo como ellos, pensar como ellos y darnos cuenta de que todo tiende hacia la luz. Por más dificultades y pruebas que existan, todo tiene un significado oculto. Descubres o desarrollas tu potencial, confías y fluyes en la vida con un sentido mayor de trascendencia, incluso tal vez comiences a aceptar lo que antes creías imposible. Los ángeles avisan, informan, ayudan a apreciar y quien se angeliza desarrolla también una clarividencia especial.

Las imágenes angélicas de las cartas que contiene este oráculo están inspiradas en el conocimiento de la Angelología cabalística-cristiana. Cada ángel posee las características físicas de acuerdo al coro angélico al que pertenece, al signo astrológico que rige, a la energía planetaria que le corresponde y a su misión. Para esto ha sido imprescindible el esmerado trabajo que Diego Pogonza ha realizado con su arte.

Cada una de estas cartas es una clave y está inspirada en las clavículas del Rey Salomón que tan bien ha recopilado el mago francés Eliphas Levi. Cada ángel posee una serie de caracteres mágicos con los que es posible realizar talismanes y sellos angélicos que transforman la energía y cambian la suerte de quien los posee.*

Pretendo que estos arcanos sean un soporte material que permita la comunicación con el mundo celeste y ayuden a que se abran nuevas posibilidades y mejoren la suerte de quien los emplee. Seguramente a través de la consulta se obtendrán respuestas que sorprenderán y otras que confirmarán lo que quien consulta siente en su corazón, el bien conocido "pálpito". El ángel también guía desde dentro de uno y en las cartas se adquiere la respuesta con mayor claridad. Ellas son un instrumento concreto que ayuda a obtener una visión clara, angélica, sobre aquello que se consulta.

---

* Para conocer los talismanes y sellos de los ángeles puede dirigirse a la pagina web: www.espacioarcano.com o ponerse en contacto con la autora: miriamcolecchio@hotmail.com

I

El reino de los ángeles

Los Ángeles y su nombre

La palabra Ángel proviene del hebreo *mala'k*, y del griego *aggelos*. El significado es mensajero, mensajero entre Dios y el hombre; y entre el hombre y Dios. Pero, ante todo, es un *ser*, alguien tan vivo como nosotros mismos. Es un ser con un cuerpo sutil, etéreo, que no vemos pero que existe, tanto como el aire que respiramos... Tiene un alma, un modo de ser particular y una misión específica. Nada ni nadie existe porque sí, todo tiene un fin y un sentido, no hay excedentes en la creación, pues hay en ella un orden perfecto tanto en lo que vemos, como en lo que no vemos. Decimos que el mundo visible es la expresión o manifestación del mundo invisible. Si pudiéramos ver por un instante todo lo que nos rodea, nos daríamos cuenta de que nunca estamos solos. El mundo espiritual tiene horror del vacío. Los ángeles tienen una misión en común: servir a Dios y a los Hombres, cuidar de la Creación y allanar los senderos que conducen a la elevación de todos los seres incluyendo la naturaleza, al plano espiritual. Toda criatura es creada por la Voluntad superior, todo pensamiento divino crea y los ángeles son la expresión más pura de la voluntad divina.

Cada uno posee un nombre que corresponde a un aspecto de Dios. Cuando decimos: "en el nombre del Padre..." o "en el nombre de Allāh...", estamos diciendo "en el Padre", "en Allāh", porque Dios y su nombre son *uno*, del mismo modo que cada uno de nosotros somos uno con nuestro nombre. Si nos llaman con un nombre distinto al nuestro, seguramente no responderemos.

El nombre posee por sí mismo una cualidad energética que denota la tarea que debemos realizar para cumplir con la voluntad divina. En todas las tradiciones espirituales, en los ritos de iniciación hay un cambio de nombre. Un ejemplo de esto se ve en el Antiguo Testamento cuando Jacob pelea con el Ángel durante toda la noche:

> *"Entonces se quedó solo, y un hombre luchó con él hasta rayar el alba. Al ver que no podía dominar a Jacob, lo golpeó en la articulación del fémur, y el fémur de Jacob se dislocó mientras luchaban.*
> *Luego dijo: 'Déjame partir, porque ya está amaneciendo'.*
> *Pero Jacob replicó: 'no te soltaré si antes no me bendices'.*
> *El otro le preguntó: '¿Cómo te llamas?'.*
> *'Jacob', respondió.*
> *Él añadió: 'En adelante no te llamarás Jacob, sino Israel, porque has luchado con Dios y con los Hombres y has vencido'".*
>
> Génesis 32; 23

El nombre de Israel le ha sido dado a Jacob al salir victorioso. Jacob ha sido iniciado por el Ángel y le ha sido dado un nombre nuevo. Desde ese momento su tarea espiritual será de mayor trascendencia.

Los nombres de los ángeles de estas cartas nos han sido legados de los magos egipcios, árabes y caldeos. Muchos magos y hermetistas como Cornelio Agrippa (*Filosofía oculta*) o Lenain (*La Science Cabalistique*) han investigado sobre ellos. Estos nombres han sido sacados de la Biblia, de los tres versículos 19, 20 y 21 del capítulo 14 del Éxodo. Cada uno de estos versículos está compuesto por 72 letras hebreas. Si se escriben estos tres uno por encima del otro, el primero de derecha a izquierda, el segundo de izquierda a derecha y el tercero de derecha a izquierda, se obtienen 72 columnas de 3 letras cada una. Cada columna es un nombre de Dios de tres letras, formando un total de 72 nombres. De estos 72 nombres se sacan los nombres de los 72 ángeles que los hebreos llaman *Schemhamphoras*. Los 72 nombres de los ángeles son creados cuando se les añade la terminación del nombre divino "el", lo que significa severidad y juicio o "iah", lo cual significa misericordia y benevolencia. Por lo tanto es importante reparar en cada uno de los nombres de los ángeles que aparecen en la consulta, ya que ellos darán por sí mismos una guía. Un ejemplo es el ángel Jabamiah, cuyo nombre quiere decir "Verbo que produce todas las cosas". El abate Montfaucon De Villards en su libro *El Conde de Gabalís* dice que este nombre expresa la eterna fecundidad de Dios y que es capaz de regenerar lo que sea si se lo pronuncia de un cierto modo. Y se sabe que el saludo de los cabalistas se hacía en Jabamiah y por Jabamiah. Estos nombres son revelaciones en sí mismas, ya que denotan la voluntad de lo alto de manifestarse a los hombres. Puesto que los ángeles poseen, además, del nombre revelado, un nombre secreto conocido solo por Dios y por algunos individuos elegidos por él para ejercer su ministerio.

Cuanto más secreto es el nombre, más se revela la esencia angélica.

Los Coros angélicos

El sabio Orígenes ya decía en el siglo III: "Sí, cada uno de nosotros tenemos un ángel que nos dirige, nos acompaña, nos gobierna, nos amonesta y presenta a Dios nuestras plegarias y buenas obras". Dionisio el Aeropagita dividió los Coros angélicos en nueve categorías diferentes. En la primera jerarquía son: los Serafines, los Querubines y los Tronos, que contemplan el orden de la divina Providencia: los Serafines en la bondad de Dios, los segundos en la esencia de Dios y en su forma; los terceros en su sabiduría.

En la segunda jerarquía están: las Dominaciones, las Potencias y las Virtudes, que cooperan con el gobierno del mundo: las primeras ordenan lo que las otras dos ejecutan; las segundas rechazan lo que puede alterar la ley divina; las terceras administran los cielos y cooperan en la realización de milagros.

En la tercera jerarquía están: los Principados, los Arcángeles y los Ángeles, ellos tienen a su cargo el ministerio del mundo inferior: los primeros se encargan de las cosas públicas, de los países y sus gobiernos; los segundos dirigen la actividad espiritual de cada hombre; y los terceros disponen de las cosas particulares de cada hombre y son sus guardianes, entre ellos están los que dan su fuerza y virtud a las hierbas y piedras.

Si partimos de la premisa de que todo lo que existe posee un ángel, podemos imaginar que hay más ángeles que humanos y que su número es incalculable. También sabemos que Dios ha creado con un cierto orden. Esto lo certificamos en los primeros versículos de la Biblia, –donde hay una secuencia que la sagrada ciencia de la alquimia ha estudiado en profundidad– que dice que Dios crea en un ritmo de siete todo lo existente en el Cielo y en la Tierra.

Todos los ángeles se agrupan en cada uno de los nueve coros, y cada grupo vibra energéticamente en una misma frecuencia. Realizan una tarea en común y tienen una forma corpórea parecida que responde a ella. Del mismo modo que sucede en los grupos humanos, se parecen entre sí, conservando al mismo tiempo su individualidad pero sin dejar de identificarse. Los setenta y dos ángeles de nuestras cartas también integran estos coros de a grupos de ocho y participan en la tarea en común que ellos realizan. Asimismo poseen una misión personal y definida que conoceremos más adelante en la descripción de cada uno.

1. Los Serafines: instinto de santidad o de vida

Son los ángeles más cercanos a Dios y más lejanos al hombre. Ellos poseen un rostro y tres pares de alas que están llenas de ojos para contemplar a Dios en todo su esplendor. Los serafines son protectores de centros sagrados y de hombres iluminados. Son ángeles portadores de amor y de paz. En la vida cotidiana nos asisten para que podamos revalorizar nuestro trabajo, volver a sentir el gusto por nuestra tarea. Nos guían para saber qué es lo que debemos hacer ante una determinada situación. Ellos ayudan a entrar en un estado de contemplación y de ese modo se logra la paz necesaria para resolver un problema.

2. Los Querubines: formas o ruedas por las que Dios disipa el caos

Los querubines son esos ángeles representados como bebés alados, siendo los más dulces, bellos e inocentes. Ellos mantienen la creación en movimiento, son también llamados "las brasas en movimiento" y "Señores de las estrellas".
Dios los pone a cuidar el camino al paraíso:

"Echó, pues, fuera al hombre, y puso al oriente del huerto del Edén querubines, y una espada encendida que se revolvía a todos lados, para guardar el camino del árbol de la vida".
Génesis 3;24

La función de los querubines para con el hombre es ayudarlo a obtener la sabiduría necesaria para poder ascender en su escala evolutiva. Sólo aquel que transmute y gane en sabiduría podrá tener acceso al árbol de la vida y al paraíso. Son portadores de fe, esperanza y alegría, y patronos de la sabiduría.

3. Los Tronos: los poderosos o valientes

Custodian las formas de la creación y se encargan de que sean las adecuadas para recibir la luz divina. Los tronos son ángeles que dan al hombre la fuerza necesaria para perseverar en un objetivo. Tal vez la permanencia no es una cualidad muy apreciada en estos tiempos, pero son ellos quienes pueden ayudarnos en esa tarea de sostener, por ejemplo, una relación afectiva, un trabajo o un estudio. Aportan espíritu de reflexión, concentración, fuerza, y discernimiento.

Los Tronos tienen la particularidad de que sus alas son semicirculares y poseen los colores del arco iris.

4. Las Dominaciones: ángeles de palabras de fuego

Son ángeles sanadores y protectores de quienes se dedican a esa tarea. Ayudan a mantener el equilibrio entre el cuerpo, el alma y el espíritu. Cuando el cuerpo está en fricción con el alma y se resiente, las dominaciones asisten para que se fortalezca. Estos ángeles nos dan la fuerza espiritual para restablecernos de las dolencias, nos ayudan a mantener la calma, a evitar las alteraciones y los sobresaltos. Colaboran en aquellas tareas espirituales en donde el cuerpo participa, como el yoga, la meditación, el reiki, la sanación, las danzas rituales, etc.

5. Ángeles Potencias o Potestades: ángeles de amor, de luz y de fuego

Ángeles soldados de Dios. Van recubiertos por armaduras, cascos y escudos. Son totalmente rojas y de aproximadamente dos metros de altura. Luchan contra el mal y protegen a quienes puedan ser atacados por él. También resguardan los lugares de oración. Fundamentalmente tienen una característica y es que despiertan a las personas de sus letargos espirituales. Además, ayudan a detener el mal, generan la potencia y la energía para tomar decisiones y colaboran en el desarrollo de la facultad de comparar y escoger.

6. Las Virtudes: ángeles reyes

Son los Ángeles representados con rostro y alas pero sin cuerpo. Ser trata de los ángeles más pequeños que existen y tienen un rostro de niño o de joven.

Son pequeños porque necesitan ser muy veloces y es por eso que tienen la menor cantidad de materia posible. Si hay una tragedia, actúan rápidamente. Algo que puede ser un desastre, ellos lo transforman en un milagro, siendo éste una operación directa del cielo. Facilitan el autoconocimiento y nos guían al descubrimiento de por qué estamos en la Tierra y cuál es nuestra vocación.

7. Los Principados: ángeles príncipes

Aparecen en muchas imágenes con una tiara con flores en sus cabezas. Se encargan de custodiar y controlar todo aquello que tenga que ver con la naturaleza y sus espíritus como hadas y duendes, y también de las piedras, plantas y animales.

Estos ángeles conectan el mundo inferior con el superior. Son los encargados de la salvación de la naturaleza y de sus espíritus porque son quienes deben conducirlos a la divinidad. Se encargan de la floración, del crecimiento, de la sequía y de las inundaciones. Conectan a estos seres inferiores con el hombre, deben dominar a todo espíritu del mal que venga a desequilibrar el ecosistema. Para la angelología, los elementales son un tema muy grave en este tiempo, ya que ellos están siendo destruidos por la contaminación. Hay cantidades que mueren diariamente y esto provoca en ellos una actitud rebelde hacia los hombres. Las inundaciones o sequías, incendios forestales y hasta las pestes son generados por los espíritus de la naturaleza que padecen esta situación. No debemos olvidar que estos seres dependen absolutamente del medio al que pertenecen, fuera de él mueren. Tienen un apego innato por su territorio y viendo el deterioro causado por la ambición del hombre, se han ido apartando cada vez más, ya que temen por su vida.

Los Principados tienen la particularidad en la esfera personal de ayudarnos a disolver los espejismos creados por nuestras fantasías, ya que hacen ver las cosas tal cual son. Disuelven la ilusión de los sentidos y quienes los invocan pueden asegurarse de que sus visiones sean verdaderas. Colaboran con nosotros para que desarrollemos la capacidad de conocer la virtud mágica y terapéutica de la naturaleza desequilibrada.

8. Los Arcángeles: hijos de los dioses

Este coro de ángeles tiene la responsabilidad de encabezar y de coordinar toda la acción angélica. Se considera que algunos de ellos son los siete espíritus que están frente al trono de Dios y nombrados en el Apocalipsis. Rigen sobre todas las cosas del mundo, ya que tienen gobierno sobre los planetas y sus respectivas influencias en la Tierra. Son los ángeles más altos jerárquicamente y considerados santos, guías y maestros. Son los únicos que pueden actuar por decisión propia. En la antigüedad fueron considerados dioses tanto por los griegos como por los romanos. Se pensaba que no era posible el contacto personal con el "Dios desconocido" y que estos dioses eran sus intermediarios. Cada uno de ellos posee una determinada vibración y rige una determinada energía que llega en forma natural a la Tierra a través de los planetas, que a su vez rigen sobre determinados signos astrológicos. Ellos son Miguel, Gabriel, Zanael, Rafael, Zachariel, Anael y Orifiel.

El Arcángel Miguel

> *"Entonces se entabló una batalla en el cielo:*
> *Miguel y sus ángeles combatieron con la serpiente...".*
> Apocalipsis 12; 7.

El nombre Miguel quiere decir "quien como Dios", "Dios con nosotros" o "quien como tú entre los fuertes". Miguel es el ángel del Sol, porque el Sol es el símbolo visible de la fe, la esperanza y el amor. Su color es el dorado y su energía es más plena en los días domingos. Decimos que luce tanto para los buenos como para los malos. Rige sobre el elemento Fuego y su punto cardinal es el Este. Es el jefe de los ejércitos celestiales, el ángel más alto dentro de los arcángeles y quien posee mayor jerarquía. Tiene como símbolo la espada y la balanza —es el que pesa el haber y el debe de cada alma humana–. Rige sobre la justicia desde el punto de vista de Dios y es también llamado "El guardián del umbral". La espada es el símbolo de su poder celeste, todo mago que se precie posee una, ya que es el instrumento mágico por excelencia para combatir el mal.

Miguel es patrono de todos los que están en el camino espiritual y de los que se introducen en los misterios divinos. Es aquel que hace ver, que protege y, también, es quien revela dónde actúa el mal en la vida de cada uno de nosotros. El contacto con este ángel es un antes y un después, genera un cambio de enfoque ya que nos acerca a la verdad. Colabora con el hombre, cuando el alma está en tinieblas, el mal amenaza, o la vida es caótica y libera de situaciones agobiantes. En la tradición judía, Miguel era quien llevaba las almas de los muertos al altar de Dios y es por esto que se le pide por el alma de los difuntos.

El Arcángel Gabriel

"Y oí una voz de hombre en medio del río Ulai,
que gritaba diciendo: Gabriel, explícale la aparición
a este hombre".

Daniel 8; 16.

Su nombre quiere decir "Fuerza de Dios". Es el ángel de la Luna y rige el elemento Agua y su punto cardinal es el Norte. Su color es el plateado y su energía es más plena en los días lunes. Es el médium cósmico y en nosotros despierta la videncia, la intuición y ayuda a desarrollar la imaginación. Anuncia la palabra divina y siempre aparece como mensajero de Dios para cumplir misiones especiales. En la Biblia lo podemos encontrar en varios momentos y siempre como portador de noticias felices. Con el hombre colabora a hacer fértil todas las cosas y a mejorar la videncia y la intuición. Es recomendable encomendarse a él antes de consultar el Oráculo de los Ángeles. Ayuda a solucionar cuestiones graves vinculadas al hogar, a llevar un embarazo a buen término y a conciliar la relación entre padres e hijos.

El Arcángel Zanael

Su nombre significa "el que ve a Dios". Es el ángel del planeta Marte, su color es el rojo y su energía es más plena los días martes. Ángel de la voluntad, de la iniciativa, del emprendimiento y de la fuerza. Se lo representa con un escudo, con una espada y un casco. Zanael simboliza la energía dinámica de Dios, la fuerza constructiva y el entusiasmo. Es un guerrero y su función es la de proteger personas y lugares. Nos ayuda a superar el miedo, aumenta nuestra energía física, psíquica y espiritual.

El Arcángel Rafael

"Yo soy Rafael, uno de los siete santos ángeles
que presentamos oraciones de los justos
y tienen entrada ante la majestad del Santo".

Tobías, 12; 15.

Su nombre quiere decir "Medicina de Dios" o "Dios Curador". Es el ángel del planeta Mercurio. Su energía es más plena en los días miércoles, rige sobre todo lo que es multicolor y su punto cardinal es el Oeste, ya que domina sobre el elemento Aire. Rafael está presente en cada rito de sanación que se realiza. Es en el Libro de Tobías, en el Antiguo Testamento, en donde se aprecian aquellos asuntos en donde este ángel proporciona su auxilio a los hombres: acompaña a Tobías en su viaje, ayuda a que se case con Sara y a deshacer la maldición del demonio que impedía la consumación del matrimonio y finalmente cura la ceguera del padre de Tobías.

Este arcángel puede ayudarnos a encontrar la solución a los problemas afectivos, a unir en el amor aquello que está separado por el mal, a mejorar nuestro modo de comunicarnos.

Rafael protege a todas aquellas personas que trabajan en el área de la salud y asiste a los que están enfermos.

El Arcángel Zachariel

Su nombre quiere decir "justicia de Dios" o "recuerdo de Dios". Es el ángel de Júpiter. Rige sobre los días jueves y su color es el azul. Nos ayuda a expandirnos, a abrir nuestros caminos. Es el arcángel de la suerte, de la generosidad y de la bondad. Favorece la prosperidad de los proyectos de cualquier tipo y ayuda a desarrollar nuevos objetivos.

El Arcángel Anael

Su nombre quiere decir "concédeme, Señor". Es el ángel de Venus, rige sobre el día viernes y su color es rosa o verde claro. Es el arcángel del amor, de la belleza, del arte, aporta la energía del encanto. Liga con lo más profundo de lo femenino. Es el arcángel presente en toda ceremonia de enlace, de casamiento o de unión. Colabora con los hombres para que puedan desarrollar la belleza y la armonía en sus vidas. Asimismo para atraer buenas personas o situaciones y a beneficiarse con una nueva relación amorosa.

El Arcángel Orifiel

Su Nombre quiere decir Cielos o Nube de Dios. Es el ángel de Saturno, su color es el violeta o morado y su día de regencia es el sábado. Aporta prudencia, sentido del deber, equilibrio y paz. Nos lleva a poder meditar, a re-pensar, a evaluar y a sostener una situación difícil. Es aquel que nos apoya para superar las pruebas del destino impuestas por el karma. Aporta consciencia para poder asumir los compromisos adquiridos y nos fortalece para poder atravesar los duelos de cualquier tipo, ya que infunde un gran sentimiento de paz interior.

Los Ángeles Custodios o de la guarda

"Yo voy a enviar un ángel delante de ti, para que te proteja en el camino y te conduzca hasta el lugar que te he preparado.

Respétalo y escucha su voz. No te rebeles contra él, porque no
perdonará las transgresiones, ya que mi Nombre está en él.
Si escuchas realmente su voz y haces todo lo que yo te diga,
seré enemigo de tus enemigos y adversario de tus adversarios.
Entonces mi ángel irá delante de ti...".

Éxodo 23; 20

Los ángeles que pertenecen a este Coro, no sólo son custodios de personas sino también de algunos lugares y animales. Si partimos de la proposición bíblica de que la Naturaleza se separó de lo divino junto con el hombre, llegamos a la conclusión de que también es necesaria su elevación. Todo lo que en ella existe debe ser transmutado para su salvación. Hay algunos animales que por estar en contacto con el hombre y crear con él un vínculo afectivo muy fuerte, se humanizan, adquieren alma, pueden acceder a la inmortalidad y obtener un ángel de la guarda. Esto mismo sucede con los elementales –hadas, duendes, ondinas, gárgolas– cuando desarrollan un vínculo afectivo intenso con alguna persona; de lo contrario, su vida termina en el momento de la muerte.

Los lugares que suelen tener ángeles custodios son, por ejemplo, los cementerios, las iglesias, los laboratorios de alquimia, etc. Hay lugares sagrados que naturalmente tienen ángeles custodios y hay otros donde el ángel es puesto por un mago, un alquimista o un sacerdote. Toda ceremonia de limpieza de un lugar debería tener un paso de purificación, otro de bendición y, por último, la puesta de un ángel para su protección.

Los ángeles de este coro son mensajeros y custodios propiamente dichos. Ellos actúan conectando distintas esferas y poseen tareas especiales. Actúan, por ejemplo, cuando se descompone el auto en un lugar desierto y aparece justo aquella persona que posee la herramienta necesaria para solucionar el problema.

Un individuo goza de la compañía de un ángel de la guarda desde que nace hasta que muere. Puede haber un "cambio de ángel" en la vida de determinadas personas y a esto la magia tradicional lo llama la "liberación del ángel custodio". El cambio de ángel puede ocurrir cuando un individuo evoluciona espiritualmente de modo tal que su relación con lo divino ya no sólo es personal, sino que incluye a un grupo humano. En ese cambio viene un ángel de una jerarquía superior a ejercer tal cuidado, y el ángel perteneciente al Coro de los custodios se retira a ejercer su función en otro protegido. Un ejemplo de esto son personas como San Francisco de Asís, la Madre Teresa de Calcuta, el Santo Padre Pío y muchos más. Ahora, la mayoría de nosotros nacemos con un ángel que nos acompaña toda la vida y nos ayuda a pasar por el tránsito de la muerte. Luego, puede ocurrir que vaya a custodiar el alma de otra persona, o puede ser que a través de la evolución de una vida a otra el mismo ángel pueda continuar ejerciendo la custodia.

Aparte del ángel custodio tenemos otros ángeles que actúan en nosotros y con nosotros., pero que no cumplen el mismo rol que el ángel de la guarda.

Según la tradición espiritual judeo-cristiana, el hombre cae y a causa de su caída pierde la plenitud de sus potencias espirituales que lo asemejaban a Dios. No las pierde por completo pero ya no puede ejercerlas del mismo modo ya que queda limitado por el tiempo y el espacio. El ángel de la guarda es quien viene a restablecer el equilibrio perdido en la separación con lo divino. Existe porque viene a compensar esta pérdida del hombre y es quien se encarga de restablecer las fuerzas espirituales debilitadas. Es también el que despierta recuerdos de algo que no se sabe bien, pero que es la certeza de que hay algo más grande que uno mismo. Por ejemplo, cuando sentimos estar viviendo dos veces exactamente lo mismo, un *déjà vu*. O también situaciones mágicas, milagrosas, inexplicables para la lógica racional o científica. Él también sostiene la voluntad que surge de la búsqueda del alma por saber qué es eso que es más grande. Sostiene, pero no obliga a decidir nada, sólo espera que su protegido opte por lo que es mejor. Si la decisión tomada por el protegido concuerda con la voluntad divina, el ángel desciende y se pone su lado. Y sucede aquello en donde se dice que los logros casi ocurrieron solos, donde no hubo trabas. El ángel es el clarividente en las tentaciones y en los peligros tanto físicos como psíquicos. Él avisa, informa y ayuda a estimar, generalmente por medio de intuiciones. Lo que nunca hace es anular las ocasiones de tentación porque sin ésta no hay desarrollo espiritual. El ángel custodio es aquel que va a ejercer como abogado defensor frente a Dios por todo aquello en lo cual uno puede haber faltado.

En las escrituras hay un relato que denota lo que el ángel puede hacer por su custodiado:

"La Noche anterior al día en que Herodes pensaba hacerlo comparecer, Pedro dormía entre dos soldados, atado con dos cadenas, y los otros centinelas vigilaban la puerta de la prisión. De pronto, apareció un ángel del Señor y una luz resplandeció en el calabozo. El ángel sacudió a Pedro y lo hizo levantar, diciéndole: ¡Levántate rápido!'. Entonces las cadenas se le cayeron de las manos. El ángel le dijo: 'Tienes que ponerte el cinturón y las sandalias' y Pedro lo hizo. Después le dijo: 'Cúbrete con el manto y sígueme'. Pedro salió y lo seguía; no se daba cuenta de que era cierto lo que estaba sucediendo por intervención del ángel, sino que creía tener una visión. Pasaron así el primero y el segundo puesto de guardia, y llegaron a la puerta de hierro que daba a la ciudad. La puerta se abrió sola delante de ellos. Salieron y anduvieron hasta el extremo de una calle, y enseguida el ángel se alejo de él".

Hechos 12; 6.

Aquí vemos cómo el Ángel de Pedro lo ayuda a liberarse de la prisión. Me gusta especialmente este relato porque en otro nivel de lectura se puede apreciar que el ángel custodio es quien puede liberarnos en las situaciones en que nos sentimos aprisionados, encadenados y no sabemos cómo hacer. Pedro estaba durmiendo, creía tener una visión, pero igualmente se dejó guiar y siguió a su ángel; ¡cuántos tormentos nos ahorraríamos si atendiéramos a nuestro ángel cuando intenta ayudarnos!

II

Los ángeles del tiempo: ángeles, planetas y signos astrológicos

En el comienzo de este libro he comentado sobre cómo los ángeles me han guiado en el transcurso de los últimos años, pero omití decir que es a ellos a quienes les debo el conocimiento de la astrología.

En la creación hay miles de ángeles que operan en distintos planos, pero hay 72, en especial, que han sido revelados por sus nombres, y que sabemos que rigen en determinadas horas y días del año. Es por ellos que decidí incursionar en la astrología.

Tanto la angelología como la astrología son ciencias sagradas de las que se sirven otras como la Magia, la Alquimia y la Cábala. Ningún mago que se precie, puede dejar de conocer el arte de los movimientos planetarios y de su influencia sobre todo lo existente en la Tierra. Si tradujéramos esto en términos angélicos, diríamos que la astrología nos permite saber cómo está dispuesta la energía de los ángeles en un momento exacto sobre la Tierra o sobre un lugar en particular de la misma. ¿Por qué?, porque cada uno de los 72 ángeles de nuestras cartas dispone de un tiempo determinado para su manifestación y tiene un lugar en el Zodiaco. Este lugar en el zodiaco se sitúa en un arco de cinco grados, contando a partir del grado 0 de Aries. Como cada grado corresponde a aproximadamente un día, decimos que cada cinco días rige un ángel distinto. Por ejemplo:

El primer ángel rige del 0 al 4 de Aries, entre el 21 y 25 de marzo.

El segundo del 5 al 9 de Aries, entre el 26 y el 30 de marzo.

El tercero del 10 al 14 –entre el 31 de marzo y el 4 de Abril– y así sucesivamente hasta completar los doce signos del zodiaco, los 360 grados del mismo y todos los días del año. Por esto es que si sabemos cuál es el mejor momento para invocar un ángel podremos obtener mejores resultados de este encuentro.

Para consultar este oráculo, no es necesario que quien lo haga sepa sobre astrología, pero sí será más eficaz si se conoce algo sobre las energías astrales que portan sus ángeles. Como veremos, en la imagen de cada ángel está dibujado el símbolo del planeta y el signo astrológico correspondiente a cada uno. Además, en la descripción de cada ángel aclaro los grados de regencia cada uno en cada signo. De este modo, si se conoce en qué grado astrológico estaba el sol el día en que nació una persona, se puede también conocer cuál es su ángel de nacimiento y cómo influye sobre su alma. Las fechas de regencia que doy aquí son aproximadas ya que estas cambian de año a año y aconsejo a quien esté interesado en el tema, que consulte las efemérides astrológicas o en internet, ya que hay muchos sitios en donde introduciendo los datos del nacimiento se puede saber en qué grado se encontraba el sol ese día. Luego es sólo buscar cuál es el ángel correspondiente. Por ejemplo, si cuando alguien nace el sol estaba en el 5º de Géminis, su ángel regente es el número 66, Manakel. Este ángel no debe ser confundido con el ángel custodio, pues influye sobre nuestra vida, pero no es un guía personal y único. Muchas personas poseen la misma influencia angélica, aunque no poseen solamente a un ángel como regente.

Los planetas y signos que corresponden a cada ángel también darán la idea del tiempo en que se puede concretar algo relacionado con la consulta.

Si, por ejemplo, preguntamos: ¿cuándo es el mejor momento para hacer un viaje? y se presenta en la tirada la carta número nueve, con el ángel "Hariel" favorable y "Caliel" adverso, se puede saber que la mejor fecha para realizar este viaje será en los días en que rige "Hariel" y será mejor evitar los que domine "Caliel" o por lo menos tener en cuenta su consejo.

OTROS EJEMPLOS REFERIDOS AL TIEMPO EN RELACIÓN AL ORÁCULO:

Pregunta: ¿cuándo se realizará este proyecto?

Respuesta: carta Nº3: "Sitael" adverso, "Lelahel" favorable. El proyecto se realizará en el tiempo en que rige "Lelahel", aproximadamente entre el 15 y el 19 de abril. De todos modos no debe obviarse el consejo de "Sitael" y es recomendable en su tiempo de regencia –entre el 31 de marzo y el 4 de abril– no exponer el proyecto, ni publicarlo o venderlo.

Pregunta: ¿cuál es el mejor momento para pedir un aumento de sueldo?

Respuesta: carta nº32: "Iah-hel" favorable, "Damabiah" adverso. La recomendación angélica es esperar al tiempo de "Iahhel" –entre el 26 y el 30 de enero– y atender el consejo de "Damabiah". Como estos ángeles rigen durante cinco días al año, si en el momento de la consulta esos días ya han pasado, el consultante se preguntará si es necesario esperar al año siguiente para que el suceso por el que se pregunta ocurra. La respuesta es que no; ya que además de regir esos cinco días en el año, es decir un quinario, cada uno de ellos también domina sobre un solo día que se repite cinco veces al año; es decir que rigen a la vez un solo grado en distintos signos zodiacales. En cada uno de los ángeles refiero cuáles son esos grados y sus signos para que el que quiera profundizar en el tema pueda buscar –a través de algún programa de astrología o de algún sitio web dedicado al tema*– cuáles son los días correspondientes, ya que, insisto, ellos cambian de año a año.

Ahora bien, además de que la relación de los ángeles con los planetas y los signos nos pueden mostrar temas relacionados con el tiempo, también existe una relación entre ellos en cuanto a la correspondencia energética que poseen. Todos vibramos en una frecuencia afín con nuestro signo astrológico y con el planeta que rige al mismo y de igual modo sucede con ellos (vuelvo a repetir que no es necesario conocer sobre signos y planetas para consultar el oráculo, pero quien posee algún conocimiento sobre este tema, se verá beneficiado ya que podrá desarrollar más la interpretación que he brindado).

A continuación doy unas palabras clave de las energías planetarias y zodiacales para comprender mejor a los ángeles de estas cartas oraculares.

Palabras clave de los signos astrológicos

Aries ♈: impulso, iniciativa, emprendimiento, independencia, valentía, fuerza, energía, elemento fuego.

Tauro ♉: tolerancia, quietud, constancia, resistencia, perseverancia, paciencia, sensualidad, elemento tierra.

Géminis ♊: indecisión, dualidad, curiosidad, inmadurez, habilidad, inteligencia, rapidez, movilidad, elemento aire.

---

* Se puede consultar la agenda angélica en www.espacioarcano.com

Cáncer ♋: romanticismo, ternura, emocionalidad, inestabilidad, receptividad, imaginación, hogar, familia, elemento agua.

Leo ♌: grandiosidad, poder, prestigio, vigor, fe, generosidad, acción, creatividad, amor, elemento fuego.

Virgo ♍: análisis, utilidad, inteligencia práctica, racionalidad, trabajo, planificación, sistema, elemento tierra.

Libra ♎: comparación, diplomacia, encanto, pareja, socios, justicia, unión, equilibrio, contratos, cooperación, elemento aire.

Escorpio ♏: transformación, voluntad, resurrección, regeneración, pasión, sexualidad, ciencias ocultas, elemento fuego.

Sagitario ♐: aventuras, viajes, filosofía, religión, lugares lejanos, ideales, esperanza, fortuna, elemento fuego.

Capricornio ♑: ambición, estatus, profesión, paciencia, método, meditación, vejez, tradición, deber, elemento tierra.

Acuario ♒: fraternidad, colaboración, ideas humanitarias, reforma, progreso, originalidad, elemento aire.

Piscis ♓: mediunidad, sensibilidad, mística, evasión, enemigos ocultos, sacrificio, elemento agua.

Palabras clave de los planetas

Sol ☉: centro, vitalidad, calor, honor, valor, masculino, brillo, autoestima, padre, creatividad, amor.

Luna ☽: femenino, receptividad, maternidad, intuición, imaginación, sensibilidad, inestabilidad, familia, hogar.

Mercurio ☿: inteligencia, movilidad, enseñanza, aprendizaje, ideas, comunicación.

Venus ♀: belleza, armonía, sensualidad, atracción, facilidad, encanto, comodidad.

Marte ♂: fuerza, voluntad, valentía, energía, sexualidad, pasión, lucha, poder.

Júpiter ♃: expansión, espiritualidad, optimismo, esperanza, alegría, prosperidad, suerte.

Saturno ♄: restricción, prueba, límite, obstáculo, meditación, paz, madurez, karma.

III

La polaridad también es una cuestión angélica

"Sed sobrios y vigilad, que vuestro adversario, el diablo, como león rugiente, anda rondando y busca a quién devorar. Resistidlo fuertes en la fe."

Pedro, capitulo 5; 8.

Luz y oscuridad, bien y mal, femenino y masculino... lo cierto es que lo uno no existe sin lo otro. No se puede reconocer la alegría, sin haber padecido la tristeza. Decimos que el ángel no existe sin el hombre porque su sentido de existir está ligado a la caída. Siguiendo el relato bíblico, llamo caída a la separación del hombre con lo divino y con el sentido más profundo de su propia esencia. San Agustín en su obra *La ciudad de Dios* dice que la caída del hombre fue el resultado de que éste quedó absorbido en la contemplación de su propia creación, dejando de lado la obra divina. De aquellos hombres, hubo algunos que continuaron unidos a la divinidad, y son los que permanecieron en el estado angélico. Desde ese momento su misión ha sido la de rescatarnos para devolvernos a nuestro estado primigenio.

Todos los seres hemos sido creados por la divinidad y por lo tanto todo ser tiene una esencia buena. Lo que diferencia a unos de otros es la voluntad. La voluntad es un atributo esencial del espíritu, por el cual éste determina y realiza los actos que desea y cuya elección efectúa por la facultad del libre albedrío. Ésta se desarrolla o se atrofia por el ejercicio. Si se atrofia facilita la irrupción de problemas psíquico-espirituales como las obsesiones y las sugestiones. En conclusión, podemos accionar con Dios y, por consecuencia, en concordancia con nuestra propia esencia o contra Dios, es decir, en contra de nuestra propia naturaleza.

Siendo los ángeles seres espirituales, también pueden elegir entre Dios y la Nada. Como ejemplo de esto, vemos en el Antiguo Testamento cómo el adversario pone a prueba la fe de Job (Libro de Job 1). Ahora, siendo los ángeles mediadores entre Dios y los hombres, aunque caigan aún conservan la esencia divina. Por lo tanto, aun siendo ángeles caídos continúan teniendo un rol en la creación. Se convierten en acusadores y nos tientan con todo aquello en lo que podamos llegar a caer.

Más allá de estos ángeles, hay otro tipo de seres que se suelen confundir con los demonios. Estos se llaman "larvas" y actúan en colaboración con los demonios. Las "larvas" son un producto exclusivo del hombre y están generadas por la cristalización o fijación de un deseo maléfico. Esta cristalización puede llegar a dominar la voluntad del hombre y llevarlo a vivir en la oscuridad. Las larvas actúan en colaboración con los ángeles caídos ya que una persona que logra generar una larva, lo hace porque no pasó la prueba de la tentación. Ella cae, persevera en la caída, dando rienda suelta a sentimientos y pensamientos negativos. Un ejemplo de esto es desear el mal a alguien o querer lo que tiene otro.

Pero las tentaciones son necesarias en la vida espiritual de un individuo para poder crecer. La única manera de no caer es intentar estar alertas, con la lámpara de la fe encendida, para lograr ver aun en las tinieblas.

Según Cornelio Agrippa (*Filosofía oculta*) existen nueve órdenes de ángeles caídos que son la contrapartida de los nueve coros de los ángeles celestes:

La 1° clase

Se llaman seudo dioses, y su jefe es Belcebú (significa "viejo dios"), aquel que tienta al Cristo en el desierto. Son los que exigen sacrificios y adoración, falsos dioses que ofrecen poder a cambio de ser adorados como tales. Son, además, la contracara de la energía seráfica, ellos tientan a los hombres a creerse Dios y a cometer por ello los mayores abusos y crímenes por un supuesto fin superior.

La 2° clase

Son los espíritus mentirosos y su jefe es la serpiente Pitón, que vemos en el génesis. Se trata de ángeles que se mezclan con los oráculos e ilusionan a los hombres con falsas adivinaciones y predicciones. Por esto, cuando se opera con una mancia (Tarot, Numerología, Radiestesia) y no se tiene un manejo de lo espiritual, se puede atraer este tipo de demonios. Son la energía adversa de los ángeles querubines.

La 3° clase

Son los llamados vasos de iniquidad o de ira y su jefe es Belial, que significa "desobediente". Inventan toda clase de arte para causar el mal, por ejemplo, juegos de azar y pasatiempos. Hay pasatiempos que conectan con lo espiritual como el caso del ajedrez, que es un juego inspirado, pero hay otros que conectan con la oscuridad. Todo juego que genere un tipo de excitación que no se pueda controlar, o que genere adicción, está inspirado por estos seres. Ellos son la energía pervertida de los ángeles Tronos.

La 4° clase

Son los vengadores de crímenes y su jefe es Asmodeo, que quiere decir "ejecutor del juicio". Se trata de demonios que tientan a los hombres a cometer venganza contra otros. Son la energía ultrajada de los ángeles del Coro de las dominaciones.

La 5° clase

Son los prestidigitadores y su jefe es Satán. Estamos hablando de falsificadores de milagros, personas que por medio del ilusionismo materializan objetos o los hacen desaparecer; muchas veces esta gente es confundida con maestros espirituales o guías, pero su don no proviene de lo luminoso: engañan a las personas y se retroalimentan de la energía de ellas para hacerse cada vez más poderosos. Son la cara adversa a la de los ángeles Virtudes.

La 6° clase

Son los llamados "furias" y su jefe es Abaddond, que quiere decir "devastador", "exterminador". Se trata de espíritus que derraman el mal sobre la Tierra como discordias, guerras, robos, violencia, etc. Ellos son quienes portan la negatividad de los ángeles que pertenecen al Coro de los ángeles Potencias o Potestades.

La 7° clase

Son los poderes del aire y su jefe es Meririm, que quiere decir "demonio del medio día", "espíritu de color y de tempestad". Hablamos de demonios que se mezclan con truenos y rayos, que corrompen el aire y producen pestes. Aparecen en el Apocalipsis en donde se les da permiso para perjudicar al mar y a la tierra. Toda tormenta que viene acompañada de rayos y truenos, irrumpiendo en forma violenta, es obra de ellos y de los espíritus de la naturaleza que están a su servicio. Por eso el gran sanador Paracelso aconsejaba que en estas ocasiones es importante proteger la casa, encendiendo una mezcla de incienso, mirra y benjuí sobre carbones incensarios, en los cuatro puntos cardinales de la misma. De ese modo los espíritus negativos no pueden entrar y perjudicar el ambiente. Los poderes del aire son la contrapartida de los ángeles del Coro de los Principados.

La 8° clase

Son los Incriminadores y su jefe es Astaroth, que quiere decir "acusador de los hombres ante Dios". Es el demonio de Job y son la faz oscura del Coro de los Arcángeles.

La 9° clase

Son los Tentadores o Insidiosos y su jefe es Mammon, que quiere decir "codicia". Se trata de los que siguen individualmente a cada hombre y portan las energías caídas del Coro de los ángeles Custodios.

Como se verá en las tiradas, siempre tendremos un ángel "favorable" y uno "adverso": uno facilita y el otro frena. Los ángeles de nuestras cartas no poseen una cara sombría; no son ángeles caídos pero la negación de la influencia de sus virtudes por nuestra parte, o la mala utilización de sus energías, aparece en nuestro oráculo como un aviso, ya que poseer algo bueno y no utilizarlo se torna negativo. Tal como en la vida, siempre hay algo a favor y algo que produce una cierta "tensión" gracias a la cual tenemos la oportunidad de progresar en el camino espiritual. Como dice el refrán popular "no hay mal que por bien no venga", pues supuestos males son enviados por Dios mismo por medio de sus ángeles para ponernos "a prueba" y de este modo tal como una piedra es pulida a través del dolor, así por medio de la prueba Dios nos va puliendo y transmutando como el gran alquimista que es.

El problema de la prueba no es la prueba en sí misma, sino el no superarla. En ese caso, siempre ocurre una cristalización, una fijación de la energía negativa que genera una "larva", la cual la mayoría de las veces llevamos con nosotros durante mucho tiempo, años o, incluso, vidas. Quedamos atados a la condición oscura de estas energías, sin darnos cuenta de que hay un sinfín de posibilidades para acceder a lo luminoso y de transmutar muchos aspectos de nuestra vida.

Es verdad que estamos muy condicionados por el medio y que a lo largo de la vida tendemos a satisfacer las demandas de lo que llamamos "el mundo". Es notable ver la diferenciación que hace Jesús cuando dice: "ustedes son la Sal de la Tierra y la Luz del Mundo". El mundo es aquello creado por la "humanidad". Más allá de que el hombre ha creado maravillas, hay también en este mundo un sistema que nos lleva a buscar lo que todos buscan, a querer lo que todos quieren, a tener lo que todos tienen y hasta a vestir lo que todos visten. Nos masificamos, corremos detrás de una zanahoria que nunca alcanzamos, o que cuando lo hacemos volvemos a sentir un vacío que nunca se llena. Es difícil sentirse feliz y pleno en un mundo que nos presenta un Dios falso como único modo de felicidad: el último modelo de una determinada marca de autos, la mansión soñada en el barrio cerrado de moda, la casa en la playa, los viajes cinco estrellas, y el feliz mundo de los famosos, la vida de los famosos. El problema no son las cosas, el dinero o lo que podamos hacer con él, el gran problema es cuando vivimos sólo para eso. Formamos parte de la manada y esto termina con nuestra propia identidad, nos desidentificamos en pos de ser aceptados y dejamos de sentirnos seres únicos y especiales, unidos a otros seres únicos y especiales. Así creamos larvas que se alimentan de esta insatisfacción constante y nos piden más y más. Superar la prueba es no quedar atrapado en los condicionamientos del mundo. El ángel adverso siempre nos indica aquello que debemos superar, modificar y elaborar, ¡él también es enviado por Dios!

IV

Preparación para la consulta

El lugar

Es muy importante que el lugar en donde consultemos el oráculo se encuentre limpio y ordenado tanto material como espiritualmente. Un sitio desordenado es poco recomendable para llevar a cabo cualquier tipo de tarea espiritual, es necesario poner orden exterior para, también, poner un cierto orden en lo interior. Todo lugar está vivo, posee un espíritu particular que le pertenece y también otro tipo de espíritus que llamamos familiares. Es probable que también habiten espíritus de la naturaleza que lo influyan y que afecten a las personas y animales que en él habiten. Es notable cómo se percibe la energía presente en un determinado sitio cuando entramos por primera vez, esta sensación habla del espíritu del mismo y de sus habitantes; si es de calma o de tensión, si es de tristeza o de alegría. Un sitio que vibra espiritualmente bien, atrae espíritus de luz y facilita la comunicación con los ángeles. Ellos actúan con mayor plenitud y pueden manifestarse con menos esfuerzo. Por esto es que recomiendo emplear un poco de incienso en granos sobre un carbón incensario para proceder a la limpieza energética del espacio y, si es posible, tener una vela blanca encendida durante la consulta. La luz atrae espíritus de luz, ningún espíritu de oscuridad la resiste y por lo tanto nos aseguramos de este modo de que no se mezclen con nuestro oráculo (ver el apartado "Elementos para la invocación", al final del libro).

Preparación personal

La actitud espiritual de quien consulta el oráculo también es muy importante ya que va a facilitar o a entorpecer la comunicación con los ángeles. El oráculo no es una diversión, podemos llamarlo juego si lo hacemos con el mismo respeto y seriedad con la que juegan los niños. El solo hecho de consultar a los ángeles es en sí mismo una invocación, se moviliza una energía que los atrae. El batir de las cartas, el movimiento giratorio que haremos con ellas, es un "encantamiento" —en el sentido literal del término— que atrae a estos seres que esperan por nuestro llamado. Es importante para realizar la consulta, tomarse unos minutos para "aislarse" internamente del trajín cotidiano e intentar desocupar la mente de pensamientos que no hacen a la consulta. Lo que se da en la consulta es un encuentro con los ángeles y por lo tanto debemos prepararnos interiormente para el mismo.

Cartas: consagración y mantenimiento

Las cartas de nuestro oráculo pueden ser consagradas de un modo sencillo, siguiendo ciertas pautas rituales que paso a detallar.

Sobre una mesita que le va a servir de altar coloque:

1. Alguna imagen sagrada de su devoción.

2. Un recipiente que soporte el calor, y en él un carbón incensario encendido con incienso.

3. Un porta cirios o un plato con una vela blanca.

Encienda el carbón incensario, coloque sobre él una porción de incienso y encienda la vela. Pase las cartas una a una por el humo del incienso y por la luz de la vela. A continuación realice sus plegarias personales y diga: "Señor Dios, yo (diga aquí su nombre), te invoco para que me permitas dedicar y consagrar estas cartas a ti, por medio de los ángeles cuyos nombres llevan inscriptos, para que por su intermedio podamos ser inspirados, aconsejados y guiados, amén".

Luego deje las cartas durante todo el tiempo que tarde en consumirse la vela o el cirio que haya empleado.

Preferiblemente realice este ritual los días lunes y aun será mejor si es en la fase de la luna nueva. Para su mantenimiento puede repetir el mismo una vez al mes.

Si usted quiere profundizar aún más en el proceso de consagración para este mazo, puede ver el capítulo 4 del libro *Tarot. El oráculo de los magos,* de Francisco Stiglich (Ediciones Lea, 2007).

V

Cómo leer el Oráculo de los Ángeles

Las Cartas

En la presentación del oráculo decía que cada una de las cartas es una clave. La palabra "clave" significa –en su sentido más profundo– "llave". Cada una de ellas es una llave con muchos niveles de lectura. Eliphas Levi ha desarrollado en base a las clavículas dejadas por el Rey Salomón una serie de talismanes angélicos que han sido la inspiración para la creación de las cartas del oráculo. Son cartas y son "arcanos", tomando en cuenta que un arcano es un saber que se va revelando poco a poco. Son llaves que abren la puerta del conocimiento y de la magia y que tienen –como verán– una interpretación de la energía que le es propia. Los dos ángeles que integran cada una de estas claves son complementarios, su fuerza y su energía actúan conjuntamente y constituyen una revelación en sí misma.

La técnica de la consulta

Intente relajarse y busque una especie de aquietamiento interior. Para esto deje que vengan a su mente todos lo pensamientos, sin quedarse meditando en ninguno en especial. De ese modo va a lograr que en un momento su mente descanse.

Baraje las cartas, colóquelas sobre una mesa con las imágenes hacia abajo, muévalas con las dos manos, girando de derecha a izquierda. Reordénelas formando el mazo nuevamente y corte con la mano izquierda. Retire una o más cartas al azar —según el tipo de consulta— con la mano derecha y colóquelas sobre la mesa siempre con la imagen hacia abajo. Al levantarlas deberá tener la precaución de hacerlo dándolas vuelta verticalmente y llevando el naipe hacia usted. El ángel que se encuentra arriba o a la derecha es favorable y el que está en la parte inferior o izquierda es adverso. Esto es particularmente importante porque, según salgan los ángeles en los tendidos, sus significados variarán completamente. Debe considerarse que el ángel es favorable o adverso de acuerdo a cómo se halle con respecto al que lee el oráculo.

Los distintos tipos de tiradas

Consulta diaria

Siguiendo la técnica descripta anteriormente, retire una sola carta. Lea la interpretación de la clave, que le dará una orientación general. Los ángeles de la carta serán quienes guíen su día y le ofrezcan aquello que ellos mismos poseen; por lo tanto, intente aprovechar esa fuerza para desarrollarla. Si el ángel favorable aporta creatividad, usted puede aplicarla en su forma de comunicarse, en el modo de realizar su trabajo, en sus relaciones, en sus quehaceres diarios. Seguramente se sorprenderá de lo que pueda surgir. Siga atentamente el consejo angélico y de ese modo evitará caer en la fuerza angélica adversa.

Esta consulta puede hacerla todos los días que quiera para saber cuál es su ángel guía. Le hará saber qué tipo de fuerzas estarán actuando y sus consejos le ayudarán a superar las contrariedades y a reforzar las bondades. Los ángeles le estarán haciendo una sugerencia para que pueda no sólo aprovechar su acción como una oportunidad, sino también ampliarla para su mayor beneficio. Muchas veces gozamos de bienes espirituales de los cuales no somos conscientes.

La energía del ángel que salió en posición adversa estará previniendo de situaciones que se pueden presentar, evitar o revertir. También se puede referir a asuntos que haya que aclarar o que se podrán resolver durante el día. La fuerza es contraria y es posible atraer ese tipo de dificultades. Es aconsejable, para transformar la energía del ángel que aparece en la posición contraria, seguir su consejo, que le guiará para poder minimizar los efectos y superar los obstáculos que se presenten. Además, el consultante puede hacer un pedido al ángel del día si lo considera necesario (vea el apartado al final del libro: "Cómo invocar a los ángeles del Oráculo").

Consulta por un tema específico

La tirada de la cruz

Realice la pregunta en voz audible o medítela mientras apoya los dedos de la mano derecha sobre el mazo. Siga la técnica descripta anteriormente, pero aquí retire cinco cartas de a una y colóquelas en el orden numérico correspondiente:

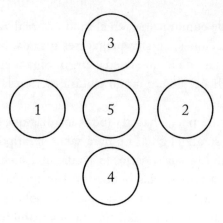

1. El pasado, la causa que originó la situación por la cual se consulta. En este caso el ángel favorable indica lo que se posee del pasado como un bien y el adverso lo que hay que revisar o evitar que vuelva a suceder.

2. El futuro, según el consultante maneje las posibilidades del pasado y las actuales.

3. Este lugar muestra el punto de vista del cielo sobre la situación planteada.

4. La situación actual. La clave dará una orientación general y los ángeles guiarán sobre lo que hay a favor o en contra.

5. Es la conclusión final sobre la consulta. Es la carta más importante porque se refiere a la disposición interna y el lugar de quien consulta.

Le sugiero que interprete una a una cada carta, según el lugar en que se encuentra y adapte la interpretación de cada una a la pregunta realizada, para luego unir y llegar a una conclusión final. Es común que cuando comience a emplear el oráculo le sea más difícil este procedimiento; pero no se preocupe, ya que a medida que lo siga haciendo, cada vez le será más fácil. ¡No se desanime!, la práctica lleva a la maestría.

Consulta completa

Esta tirada ayuda a tener una visión completa de todos los temas de la vida del consultante. Es una adaptación práctica de la famosa tirada astrológica y es ideal para saber cuáles son las energías que están actuando en la vida de una persona en un momento determinado.

Esta tirada se facilita si usted realiza el diseño de la figura en una tela y escribe en cada sector, el tema correspondiente. La técnica de barajar las cartas es igual a la descripta anteriormente, solo que va a ir retirando 12 cartas y colocándolas en el orden numérico que se ve en la figura. Tenga en cuenta voltearlas en forma vertical como dijimos anteriormente, y recuerde que los ángeles quedan favorables o adversos de acuerdo a quien realiza la tirada. La carta que queda en el centro se da vuelta al final.

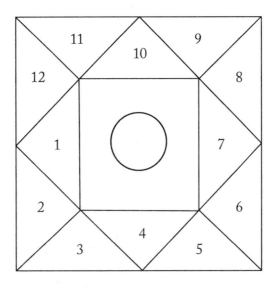

Los temas de cada sector son:

1. La personalidad del consultante y su salud según sus hábitos.

2. Los bienes: el dinero y lo acumulado materialmente.

3. Los hermanos y vecinos. La comunicación y las ventas.

4. El hogar. El padre, si quien consulta es mujer, y la madre si es hombre. También significa la casa y los bienes raíces.

5. Los hijos. La creatividad y el placer.

6. La salud y el trabajo en relación de dependencia.

7. La pareja, los socios y los enemigos conocidos.

8. Las herencias y el dinero ajeno.

9. Los viajes largos, los estudios superiores y la espiritualidad.

10. La profesión. El padre, si quien consulta es un hombre, y la madre si es una mujer.

11. Los amigos y benefactores.

12. Los enemigos ocultos y las pruebas que se deben atravesar.

En lugar central se verá cuál es la disposición interna del consultante en el momento de la tirada.

VI

Significado de las cartas

1° CARTA

INTERPRETACIÓN GENERAL: esta carta es de fortaleza, valor, muestra la necesidad de ponerse a la altura de los ideales y de entrar en acción, de ir hacia la aventura y de juntar el valor necesario para iniciar lo que se desea. Quien es justo y noble va a alcanzar la meta.

1. Vehuiah

"Dios elevado y exaltado por encima de todas las cosas".

CORO: Serafines.
SIGNO ASTROLÓGICO: Aries.
PLANETA: Marte.
GRADOS ASTROLÓGICOS DE REGENCIA: 0 de Aries, 12 de Géminis, 24 de Leo, 6 de Escorpio, 18 de Capricornio, 0 a 4 de Aries.

Días de regencia: aproximadamente del 21 al 25 de marzo. Este ángel auxilia a superar los obstáculos que impidan conectar con la esperanza, la alegría y la fe. Da las fuerzas para comenzar una obra, o para realizar los cambios que se consideren necesarios. Favorece los reencuentros con uno mismo y, por lo tanto, también con los demás. Ayuda a la generación de nuevas ideas y facilita la superación de las contrariedades.

Los nacidos bajo su influjo: son personas de gran sagacidad, hábiles emprendedores que poseen mucha energía, ya que están dominados por el fuego.

Quien sea refractario de esta energía será una persona turbulenta, vengativa y agresiva. Todo el fuego que posee será usado para la destrucción propia y de los que lo rodean.

Favorable indica: comienzo, novedades, fortaleza, reencuentros, superación de conflictos, buenas empresas, brillo, espontaneidad.

Mensaje: "Sigue tu impulso".

Adverso indica: destrucción, orgullo, inmovilidad, pereza, desencuentros, estafa, agresión, venganza, turbulencia.

Consejo: "Evita la apatía".

Oración: "Pero tú eres mi escudo protector y mi gloria, tú mantienes erguida mi cabeza".

4. Elemiah
"Dios Oculto".

Coro: Serafines.

Signo astrológico: Aries.

Planeta: Sol.

Grados astrológicos de regencia: 3 de Aries, 15 de géminis, 27 de Leo, 9 de Escorpio, 21 de Capricornio, 15 a 19 de Aries.

Días de regencia: aproximadamente entre los días 5 y 9 de abril.

Este es el Serafín que ayuda a la liberación de las trabas psicológicas y a superar las dudas de índole espiritual. Da claridad al pensamiento, aquieta el alma y aporta seguridad. Ayuda a conectar con las profundidades de los seres y a descubrir lo que se encuentra oculto. Da protección en los viajes sean internos o externos. Cuando este ángel aparece de modo favorable en la tirada, indica que es un buen momento para animarse a iniciar algo totalmente nuevo, ya que todo está bien dispuesto para eso. Es posible que se refiera a solucionar problemas de autoestima o de libertad personal. Desde lo negativo puede indicar que quien consulte, o aquel por quien se lo haga, actúe engañándose a sí mismo en sus posibilidades.

Los nacidos bajo su influjo: son personas expeditivas, que exploran permanentemente nuevas posibilidades. Son prácticos y encuentran siempre soluciones que no están a la vista.

Los seres refractarios al influjo de Elemiah pueden caer en el interés por los tóxicos y los alucinógenos, descubrimientos peligrosos y malos modales.

Favorable indica: espiritualidad, fe, certeza, aciertos, revelación, claridad, belleza.

Mensaje: "Despliega tu brillo".

Adverso indica: alucinaciones, falsedad, ilusiones erradas, mal gusto, grosería, improvisación, superficialidad, rigidez mental.

Consejo: "Evita el engaño".

Oración: "Vuélvete Señor, rescata mi vida, sálvame por tu misericordia".

2° Carta

Interpretación general: la elección de esta carta implica que es necesario tomar decisiones afectivas –haciendo hincapié en los sentimientos–, que hay que ir al encuentro de lo que se busca y tal vez para eso realizar un corte con lo que ya no va mas. No siempre terminar con algo se refiere a dejar una relación, sino que a veces implica dejar de tener una determinada actitud o internamente cortar con algo que no ha sido bueno para uno en relación con lo afectivo. Si hay limitación, es necesario obrar con dignidad. La limitación puede ser buena hasta cierto punto, pero cuando se trata de auto-mortificación se transforma en algo innoble y degradante. Esta carta en relación al trabajo o a la salud es muy benéfica e implica siempre novedad, inicios, nuevos tratamientos o nuevas relaciones que auxilian.

2. Jeliel
"Dios Auxiliador".

Coro: Serafines.
Signo astrológico: Aries.
Planeta: Marte.
Grados astrológicos de regencia: 1 de Aries, 13 de Géminis, 25 de Leo, 7 de Escorpio, 19 de Capricornio, 5 a 9 de Aries.
Días de regencia: aproximadamente entre el 26 y el 30 de marzo.

Jeliel ayuda a mantener la paz entre las personas, es un ángel de unión, especialmente para los que se aman, pero que no logran dejar el orgullo de lado. Abre los oídos de quienes no escuchan y ayuda a reflexionar ablandando el corazón. Por eso mismo se lo puede invocar para que nos proteja contra las falsas acusaciones. Influye sobre las relaciones entre las autoridades y los servidores, para que cada uno cumpla con su función sin egoísmo. Aporta fecundidad en todos los seres. Cuando sale en un área de la tirada angélica está diciendo que hay que prevenirse del orgullo y que el camino es la paz y la tolerancia.

Los nacidos bajo su influjo: son buenos mediadores, tienen la capacidad de apaciguar y solucionar los conflictos. Poseen un espíritu jovial, maneras galantes y son apasionados.

Quienes son refractarios de su energía, pueden caer en el egoísmo y maltratar a los seres más indefensos.

Mensaje: "Arriesga en el amor".

Favorable indica: paz, armonía, unión, fertilidad, humildad, auto-conocimiento, buena actitud, bondad, dignidad, disciplina.

Adverso indica: guerra, separación, disputas, esterilidad, impaciencia, orgullo, estafa, necedad, mala intención.

Consejo: "Sé paciente".

Oración: "Pero tú, Señor, no te quedes lejos, tú que eres mi fuerza ven pronto a socorrerme".

5. Mahasiah
"Dios Salvador".

Coro: Serafines.

Signo astrológico: Aries.

Planeta: Venus.

Grados astrológicos de regencia: 4 de Aries, 16 de Géminis, 28 de Leo, 10 de Escorpio, 22 de Capricornio, 20 a 24 de Aries.

Días de regencia: aproximadamente entre el 10 y el 14 de abril.

Este ángel fortalece el espíritu, ayuda a afianzar la personalidad y a tomar decisiones cruciales en la vida, sin que se produzca un trauma. En las cuestiones prácticas ayuda en el aprendizaje de idiomas, música o de curaciones, ya que prepara el alma para que reciba "intuitivamente" estos conocimientos. Se le puede pedir vivir en paz con todo el mundo y es el ángel al que acudir cuando hay que rendir exámenes. La elección de este ángel en una situación propicia, indica que es un tiempo en donde las pruebas se podrán superar con facilidad, que todo está a favor del consultante y que éste debe abrirse a lo que su corazón siente. Si el ángel aparece en posición contraria, hay que cuidarse mucho de los impulsos que pueden llevar a la propia desgracia.

Los nacidos bajo su influjo: aprenden fácilmente todo. Estarán siempre transformándose en lo sentimental y en lo laboral, ya que no medirán esfuerzo para el crecimiento.

Quien sea refractario de su energía puede caer en la ignorancia, en beber o comer demasiado, en la perversión espiritual o en el fanatismo religioso.

Consejo: "Sigue tu intuición".

Favorable indica: buenas decisiones, seguridad personal, reconocimiento, intuición.

Adverso indica: ignorancia, excesos, fanatismo, despotismo, descontrol, grandes obstáculos.

Consejo: "No arriesgues".

Oración: "Busqué al Señor, Él me respondió y me libró de todos mis temores".

3° CARTA

INTERPRETACIÓN GENERAL: esta es una clave de protección, para el consultante es un tiempo en donde la fuerza espiritual está reforzada y se tiene la posibilidad de que los proyectos de todo tipo puedan iniciarse sin contratiempos. Es necesario evitar la comodidad y la soberbia para que todo salga bien y se puedan lograr los fines que se buscan. Atenerse a la verdad es la llave que abrirá la puerta a la que se está llamando.

3. Siŧael

"Dios es la esperanza de todas las criaturas".

SIGNO ASTROLÓGICO: Aries.
PLANETA: Sol.
GRADOS ASTROLÓGICOS DE REGENCIA: 2 de Aries, 14 de Géminis, 26 de Leo, 8 de Escorpio, 20 de Capricornio, 10 a 14 de Aries.
DÍAS DE REGENCIA: aproximadamente entre el 31 de marzo y el 4 de abril.

Es el ángel que salva en los momentos de violencia y peligro por accidentes, robos o ataques de cualquier tipo. Genera un velo de protección que salva de cualquier calamidad. Brinda protección en los trabajos difíciles o peligrosos, en donde corra riesgo la vida. Cuando resulta electo este ángel y su posición es propicia, tanto el consultante como la situación por la cual se consulta, estarán protegidos espiritualmente.

Los nacidos bajo su influjo: son personas con mucha suerte y con posibilidad de desarrollarse financieramente. Aman la verdad y el servicio. Quienes sean refractarios de su energía caen en la hipocresía, la maledicencia y la mentira.

Mensaje: "Alcanzarás grandes logros".

Favorable indica: protección, generosidad, esperanza, amor, fortuna, facilidad, creatividad.

Adverso indica: hipocresía, maledicencia, mentira, mala fama, desconfianza, error, obstáculos, violencia, ataques.

Consejo: "Evita la crítica".

Oración: "Di al Señor, mi refugio y mi valuarte, mi Dios en quien confío".

6. Lelahel
"Dios Loable".

Signo astrológico: Aries.

Planeta: Venus.

Grados astrológicos de regencia: 5 de Aries, 17 de Géminis, 29 de Leo, 11 de Escorpio, 23 de Capricornio, 25 a 29 de Aries.

Días de regencia: aproximadamente entre el 15 y el 19 de abril.

Su acción provee fortuna y amor. Este ángel da protección de las malas acciones ajenas y brinda prosperidad en todas las áreas de la vida, materializando los sueños muchas veces pensados como "imposibles". Ayuda a conquistar riquezas materiales, el amor de una persona y el restablecimiento de una enfermedad. Su elección es afortunada ya que indica que todo será próspero en la medida de la fe que se posea.

Los nacidos bajo su influjo: están dotados para liberar del mal. Hacen sacrificios de forma desinteresada. Pueden caer, a veces, en estados de profundo cansancio, pero al poco tiempo su energía renace con más fuerza.

Mensaje: "Cree en tu suerte".

Favorable indica: suerte, amor, encanto, prosperidad, logros, sanación, gracia, servicio.

Adverso indica: ambición desmedida, deslealtad, traición, ilegalidad.

Consejo: "Cuídate de la traición".

Oración: "Canten al Señor que reina en Sión, proclamen entre los pueblos su proeza".

4° CARTA

INTERPRETACIÓN GENERAL: esta es una carta para que el consultante esté atento y vea en qué asuntos se ha quedado detenido. Si la pregunta es por una relación, un trámite, un viaje, es igual la respuesta: aquello por lo que se consulta está estático y que se ponga en movimiento es una decisión propia del interesado. El cielo es propicio, sólo le queda al consultante la responsabilidad de que haya movilidad, cambio y crecimiento en aquello que le interesa.

7. Achaiah
"Dios bueno y paciente".

CORO: Serafines.
SIGNO ASTROLÓGICO: Tauro.
PLANETA: Mercurio.
GRADOS ASTROLÓGICOS DE REGENCIA: 6 de Aries, 18 de Géminis, 0 de Virgo, 12 de Escorpio, 24 de Capricornio, 0 a 4 de Tauro.
TIEMPO DE REGENCIA: aproximadamente entre el 21 y el 25 de abril.

Este serafín agudiza la intuición para captar los secretos del cosmos. Da la fe necesaria para despertar del estado de sopor espiritual que muchas veces nos acomete y ayuda a combatir la pereza y la negligencia. Se le puede pedir auxilio para soportar una situación. La elección de este ángel puede mostrar que el consultante o aquello por lo que se pregunta, se encuentra en una situación de quietud, letargo o inercia que no conduce a nada constructivo. Achaiah llama a despertar y a ponerse en movimiento.

Los nacidos bajo su influjo: son pacientes y comprensivos. Gustarán de aprender sobre temas prácticos y útiles. Aquellos que sean refractarios de su energía serán enemigos de la Luz, perezosos, inconstantes y pueden tener dificultades para hablar y hacerse entender.

Mensaje: "Confía en la luz y realiza".

Favorable indica: visión, fortaleza, lo invisible, misterio, meditación.

Adverso indica: pereza, negligencia, comodidad, agobio, divagación, falta de atención.

Consejo: "No te desanimes".

Oración: "El Señor es bondadoso y comprensivo, lento para enojarse y de gran misericordia".

10. Aladiah
"Dios propicio".

Coro: Querubines.
Signo astrológico: Tauro.
Planeta: Luna.
Grados astrológicos de regencia: 9 de Aries, 21 de Géminis, 3 de Virgo, 15 de Escorpio, 27 de Capricornio, 15 a 19 de Tauro.
Días de regencia: aproximadamente entre el 6 y el 11 de mayo.

Es un ángel favorable para quienes se arrepienten de alguna falta, pero que temen ser descubiertos. Influye en la sanación de enfermedades, ya que actúa directamente desarmando el rencor en el corazón de los hombres. Proporciona inspiración para llevar una empresa a buen término. Domina sobre la rabia y la peste. En su elección puede indicar que hay ataduras que no se ha logrado revertir y que ahora es el momento de trabajar en ello, hay trabas y obstáculos que superar. Puede que esto también se refiera a cuestiones inconscientes que lleven al consultante, o a aquel por quien se consulta, a sentir o a vivir situaciones angustiantes.

LOS QUE NACIERON BAJO SU INFLUJO: son personas saludables, de buen corazón y muy estimados por quienes los conocen. Podrán tener éxito en cualquiera de las ramas de la medicina.

MENSAJE: "Alégrate, yo te soy propicio".

FAVORABLE INDICA: arrepentimiento, sanación, liberación, perdón, buenos fines, inspiración.

ADVERSO INDICA: infortunio, enfermedad, ira, rencor, envidia.

CONSEJO: "Vigila tus sentimientos".

EL SALMO CORRESPONDIENTE ES EL 33; 22: "Señor, que tu amor descienda sobre nosotros, conforme a la esperanza que tenemos en ti".

5° CARTA

INTERPRETACIÓN GENERAL: aquí la clave es el esfuerzo disciplinado para alcanzar los logros. Esta carta indica que la realidad demanda compromiso, esmero y cuidado. No es para realizar grandes cambios, sino todo lo contrario, hay que mantener lo que se ha logrado y finalmente se irán obteniendo los logros esperados. La introspección, la meditación y la contemplación son, en este caso, una práctica necesaria para poder avanzar y encontrar soluciones.

8. Cahetel

"Dios adorable".

CORO: Serafines.
SIGNO ASTROLÓGICO: Tauro.
PLANETA: Mercurio.
GRADOS ASTROLÓGICOS DE REGENCIA: 7 de Aries, 19 de Géminis, 1 de Virgo, 13 de Escorpio, 25 de Capricornio, 5 a 9 de Tauro.
TIEMPO DE REGENCIA: Aproximadamente entre el 25 y el 30 de abril.

Este es uno de los ángeles que conectan al hombre con la naturaleza y los hermanos menores (animales, hadas, duendes, ondinas, gárgolas). Los frutos que se obtengan de la tierra serán inusuales gracias a su acción, ya que aleja los malos espíritus que la acechan. Se le puede invocar para la enfermedad de las plantas y de los animales, como también para la purificación y elevación vibracional de las piedras. Domina sobre la producción agrícola. Su elección en un lugar propicio muestra que la persona o la situación está protegida por los buenos espíritus de la naturaleza y que todo lo que se realice será fructífero. Si el lugar que ocupa en la tirada es adverso, es mejor pedir su ayuda para que ejerza su protección ya que es probable la presencia de espíritus negativos que obstaculicen tanto a las personas, como a los proyectos o a las relaciones.

LOS NACIDOS BAJO SU INFLUJO: serán humildes, espiritualmente maduros y es posible que se sientan incómodos entre familiares y amigos. Estarán más a gusto en contacto con la naturaleza, viviendo en el campo. Los que sean refractarios al influjo de este ángel no podrán obtener frutos de su esfuerzo.

MENSAJE: "Contáctate con la naturaleza".

FAVORABLE INDICA: comunicación, sociabilidad, percepción, buenos resultados, elevación de la conciencia.

ADVERSO INDICA: soledad, esfuerzo sin logros, vanidad, falta de gracia, torpeza, tosquedad.

CONSEJO: "No te aísles".

ORACIÓN: "¡Entren, inclinémonos para adorarlo!; ¡doblemos la rodilla ante el Señor que nos creó!".

11. Lauviah
"Dios alabado y exaltado".

CORO: Querubines.

SIGNO ASTROLÓGICO: Tauro.

PLANETA: Saturno.

GRADOS ASTROLÓGICOS DE REGENCIA: 10 de Aries, 22 de Géminis, 4 de Virgo, 16 de Escorpio, 28 de Capricornio, 20 a 24 de Tauro.

Tiempo de regencia: aproximadamente entre el 12 y el 16 de mayo.

Es favorable contra el fraude y para obtener la victoria. Se le puede pedir fama y fortuna si se tiene talento. Este ángel protege de las tormentas eléctricas y de los malos espíritus que las provocan. Si su presencia se encuentra en un lugar propicio, está indicando que aquello por lo que se pregunta podrá superar cualquier obstáculo y que tendrá un buen final. Puede demorarse más del tiempo previsto. La práctica para atraer su favor es la de la valorización de lo que posee.

Los que nacieron bajo su influjo: son sabios y entenderán fácilmente el mundo de los elementales. Quienes sean refractarios de su energía es probable que sean avaros, depresivos y pesimistas.

Mensaje: "Revela tu talento".

Favorable indica: talento, fama, fortuna, sabiduría, disciplina, autoridad, poder.

Adverso indica: orgullo, ambición, calumnia, ignorancia, usurpación de poder, fraude.

Consejo: "Aprende de los sabios".

Oración: "Por eso te alabaré entre las naciones y cantaré, Señor, en honor a tu nombre".

6° CARTA

INTERPRETACIÓN GENERAL: esta carta revela que es necesario no cerrase a lo que de algún modo la realidad está manifestando. Saber conformarse con lo que se tiene es la clave en este momento y para ello se necesita tener humildad y modestia. Si la pregunta es por alguien en especial, este arcano muestra que la persona puede ser poco flexible a dejarse llevar hacia nuevas situaciones. La enseñanza de esta carta es de reparación, indica que es necesario detenerse a ver cuáles son las causas de lo que ahora se está soportando, para luego poder avanzar con éxito.

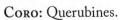

9. Aziel o Haziel
"Dios de misericordia".

CORO: Querubines.
SIGNO ASTROLÓGICO: Tauro.
PLANETA: Luna.
GRADOS ASTROLÓGICOS DE REGENCIA: 8 de Aries, 20 de Géminis, 2 de Virgo, 14 de Escorpio, 26 de Capricornio, 10 a 14 de Tauro.
TIEMPO DE REGENCIA: aproximadamente entre el 1 y el 5 de mayo.

Este querubín ayuda a que las promesas realizadas sean cumplidas. También es favorable para actuar con justicia o para pedir la justicia de otros. La gracia de Haziel hace que las experiencias dolorosas se tornen más llevaderas y se conviertan en un aprendizaje para el plano del conocimiento interior. Por esta razón es que se le puede pedir el perdón de las culpas (propias y ajenas), el favor de las amistades, el cumplimiento de las promesas y la reconciliación con alguien. En el oráculo, este ángel designa que las experiencias o situaciones por las que se consultan pueden ser dolorosas, pero que si se toman como enseñanza y se actúa con humildad y sinceridad, se lograrán superar para lograr la armonía que tanto se busca.

Los nacidos bajo su influjo: serán humildes, espiritualmente maduros y es posible que se sientan incómodos entre familiares y amigos. Estarán más a gusto en contacto con la naturaleza, viviendo en el campo. Los que sean refractarios al influjo de este ángel no podrán obtener frutos de su esfuerzo.

Mensaje: "Perdonando logras la justicia".

Favorable indica: justicia, consuelo, aprendizaje, compasión, promesas cumplidas, conciliación.

Adverso indica: hipocresía, arrogancia, inmoralidad, abuso, corrupción.

Consejo: "Camina en la verdad".

Oración: "Acuérdate, Señor, de tu compasión y de tu amor, porque son eternos".

12. Hahaiah
"Dios que brinda refugio".

Coro: Querubines.

Signo astrológico: Tauro.

Planeta: Saturno.

Grados astrológicos de regencia: 11 de Aries, 23 de Géminis, 5 de Virgo, 17 de Escorpio, 29 de Capricornio, 25 a 29 de Tauro.

TIEMPO DE REGENCIA: aproximadamente entre el 17 y el 21 de mayo.

Este querubín ayuda a obtener revelaciones en los sueños, a entender los mensajes del cielo y ayuda a interpretar los misterios ocultos a los mortales. En el contacto con este ángel, las cuestiones espirituales se vuelven lógicas y se logra un entendimiento natural de los acontecimientos de la vida. Si se elige este ángel se puede esperar entender por qué nos suceden ciertas cosas, se puede seguir el hilo invisible y encontrar las causas que han llevado a una determinada situación. Con respecto al futuro, el ángel está diciendo que se haga lo correcto y que de ese modo nos podrá guiar hacia un buen fin.

Se le puede pedir la revelación de la misión personal.

LOS NACIDOS BAJO SU INFLUJO: son personas tranquilas, discretas y de buenas costumbres. El aspecto negativo domina sobre la mentira, la delincuencia y el engaño.

MENSAJE: "Escucha mi mensaje".

FAVORABLE INDICA: entendimiento, descubrimiento, recogimiento, receptividad, enseñanza, aprendizaje.

ADVERSO INDICA: mentira, delincuencia, robo, ardid, estafa, irresponsabilidad, charlatanería.

CONSEJO: "Agradece con el corazón".

ORACIÓN: "¿Por qué te quedas lejos, Señor, y te ocultas en los momentos de peligro?".

7° CARTA

INTERPRETACIÓN GENERAL: esta es la clave de la comunicación, de la fuerza de la palabra y de la importancia de las relaciones para poder evolucionar. Esta carta aconseja al consultante a no quedarse en la soledad, que busque relacionarse y vincularse con quienes pueden ser de un gran aporte a su tarea. Según el lugar de la tirada en que se manifiesta, habla de capacidad, de superar las dificultades por medio del diálogo, o que las dificultades se han producido por la falta del mismo.

13. Jezalel

*"Dios Glorificado
por sobre todas las cosas".*

CORO: Querubines.
SIGNO ASTROLÓGICO: Géminis.
PLANETA: Júpiter.
GRADOS ASTROLÓGICOS DE REGENCIA: 12 de Aries, 24 de Géminis, 6 de Virgo, 18 de Escorpio, 0 de Acuario, 0 a 4 de Géminis.
TIEMPO DE REGENCIA: aproximadamente entre el 22 y el 26 de mayo.

Es un espíritu de amistad, ya que domina sobre la reconciliación y la fidelidad. Se le puede pedir por la felicidad conyugal, para tener una feliz memoria y para ser hábil en la realización de una tarea. También para conseguir el favor de una amistad. Esta carta es de muy buen augurio. Si sale favorable, el ángel está indicando que se debe arriesgar para lograr lo que se pretende obtener. La práctica para atraer su energía es ser agradecido.

Los que nacieron bajo su influjo: aprenden con facilidad, ya que tienen muy buena memoria y gozan de un gran talento. El aspecto negativo es la ignorancia, la mentira y el error de quienes se limitan porque no quieren aprender nada.

Mensaje: "Trabaja con alegría."

Favorable indica: amistad, alegría, optimismo, ventura, viaje, nobleza, honra, ingenio.

Adverso indica: ignorancia, calumnias, invento, palabrería, desparpajo, necedad.

Consejo: "Valora tus palabras".

Oración: "Con clarines y sonidos de trompetas aclamen al Señor, que es Rey".

16. Hekamiah

"Dios que rige el universo".

Coro: Querubines.

Signo astrológico: Géminis.

Planeta: Marte.

Grados astrológicos de regencia: 15 de Aries, 27 de Géminis, 9 de Virgo, 21 de Escorpio, 3 de Acuario, 15 a 19 de Géminis.

Tiempo de regencia: aproximadamente entre el 7 y el 11 de junio.

Este ángel indica grandes logros a través de la comunicación. Si aparece en una posición favorable está indicando acudir a quienes pueden ayudar y/o dialogar, buscar soluciones a través de las amistades, hermanos o vecinos. Si sale de modo adverso es mejor callar y alejarse por un tiempo, meditar e invocar a Hekamiah para obtener su ayuda y así ir desarticulando los impedimentos. Este ángel ayuda a liberarse de quienes son déspotas, protege de la traición y proporciona el éxito. También se le puede solicitar el favor de alguien que ocupa un alto puesto. Para todo esto pronunciar su nombre y enseguida decir: "Oh, Dios de los Ejércitos Todopoderoso, Tú que has creado el Universo y que proteges las naciones, yo (decir el nombre propio) te invoco, bajo tu nombre de Hekamiah, a fin de que (pedir lo que se desea)".

LOS QUE NACIERON BAJO SU INFLUJO: son francos, valientes, leales, sensibles en asuntos del honor y apasionados por la belleza. El aspecto negativo domina sobre la traición.

MENSAJE: "Yo acompaño tus acciones".

FAVORABLE INDICA: oferta, compromiso, diálogo, buenas relaciones, valentía, sinceridad.

ADVERSO INDICA: engaño, error, fábula, peligro, desacuerdo, desequilibrio, crisis.

CONSEJO: "Guarda silencio".

ORACIÓN: "¡Señor, mi Dios y mi salvador!, día y noche estoy clamando ante ti".

8° CARTA

INTERPRETACIÓN GENERAL: aquí la clave está en sostener y avanzar al mismo tiempo. La esperanza es la que sostiene al consultante, la relación o la labor. Se debe avanzar con fe y haciendo hincapié en la caridad y en lo que es correcto, de ese modo no habrá error. El éxito depende de ello.

14. Mebahel
"Dios Conservador".

CORO: Querubines.
SIGNO ASTROLÓGICO: Géminis.
PLANETA: Júpiter.
GRADOS ASTROLÓGICOS DE REGENCIA: 13 de Aries, 25 de Géminis, 7 de Virgo, 19 de Escorpio, 1 de Acuario, 5 a 9 de Géminis.
TIEMPO DE REGENCIA: aproximadamente entre el 27 y el 31 de mayo.

Este ángel domina sobre la justicia, la verdad y la libertad. Es un querubín que revela a quienes quieran el conocimiento sobre el principio de la ley del Karma, y ayuda a profundizar en los pensamientos para alcanzar un estado de conciencia superior. Se le puede pedir también la liberación de una situación opresiva y la protección para quien es inocente. La práctica para atraer a este ángel es la de ser justo con el prójimo.

Los que nacieron bajo su influjo: son amantes de la jurisprudencia y se destacan en los tribunales. Defensores de los inocentes. El aspecto negativo: influye sobre la calumnia y los falsos testimonios.

Mensaje: "Soy tu escudo y protección".

Favorable indica: justicia, verdad, razón, ley, objetividad, solución, legalidad, fallo, sentencia.

Adverso indica: arbitrariedad, abuso de poder, inmoralidad, injusticia, calumnias, desagrado.

Consejo: "Haz lo correcto".

Oración: "El Señor es un baluarte para el oprimido, un baluarte en los momentos de peligro".

17. Laviah

"Dios admirable".

Coro: Tronos.

Signo astrológico: Géminis.

Planeta: Sol.

Grados astrológicos de regencia: 16 de Aries, 28 de Géminis, 10 de Virgo, 22 de Escorpio, 4 de Acuario, 20 a 24 de Géminis.

Días de regencia: aproximadamente entre el 12 y el 16 de junio.

Este espíritu celeste irradia Luz espiritual transformando la tristeza en alegría. Aporta esperanza y paz. Gobierna sobre las altas ciencias y los descubrimientos maravillosos. Se lo puede invocar para que revele conocimientos en los sueños. Su elección indica que aquello por lo que se pregunta es positivo, que se puede avanzar en lo que se desea, las personas cercanas ayudarán en lo que haga falta. Es momento de expresar, dialogar o exponer lo que se crea. Buen período para la venta o la difusión de algo. La práctica para atraer su energía es ayudar amablemente a los demás.

Los nacidos bajo su influjo: son dotados para la música, la poesía, la literatura y la filosofía. Estarán obstaculizados para obtener bienes materiales, pero conocerán profundamente los mecanismos internos de los seres humanos. El aspecto negativo domina el ateísmo y a los filósofos que atacan la religión.

Mensaje: "Confía en ti".

Favorable indica: acción, alegría, irradiación, acierto, reconocimiento, prestigio, encuentro.

Adverso indica: escepticismo, apatía, vanidad, desparpajo, retroceso, repudio, descuido.

Consejo: "No te apresures".

Oración: "Señor, nuestro Dios, ¡qué admirable es tu nombre en toda la Tierra!".

9° CARTA

INTERPRETACIÓN GENERAL: esta es la clave de la sabiduría para generar vínculos profundos con quienes nos rodean, es necesario que se respete el valor y la fuerza de la palabra para que aquello por lo que se consulta prospere. Es una carta de protección en relación con lo mental, las ideas y la voluntad que se ponga en concretarlas. También se refiere a que es necesario reordenar y controlar los pensamientos, ya que los mismos poseen una fuerza generadora en las circunstancias que se viven.

15. Hariel
"Dios creador".

CORO: Querubines.
SIGNO ASTROLÓGICO: Géminis.
PLANETA: Marte.
GRADOS ASTROLÓGICOS DE REGENCIA: 14 de Aries, 26 de Géminis, 8 de Virgo, 20 de Escorpio, 2 de Acuario, 10 a 14 de Géminis.
DÍAS DE REGENCIA: aproximadamente entre el 1 y el 6 de junio.

Este ángel protege del escepticismo, su influencia aleja los espíritus negativos que impiden el contacto con lo divino. También, hace posible que se descubran aquellas personas que se esconden en el mundo espiritual con falsos sentimientos religiosos. Ariel ayuda a cambiar los hábitos que son perjudiciales y a adquirir inspiración en el trabajo a fin de enriquecerlo con nuevas opciones. Si su posición es favorable indica que la voluntad puesta al servicio de la razón hará prosperar las ideas o relaciones del consultante. La práctica para atraer a este ángel es la de la pureza de los hábitos cotidianos.

Los que nacieron bajo su influjo: son seres de buenas costumbres y de sentimientos religiosos. El aspecto negativo domina sobre las guerras religiosas, la impiedad y el sectarismo espiritual.

Mensaje: "Irradia tu fe".

Favorable indica: voluntad constructiva, liberación, dominio, confianza, certeza, valor.

Adverso indica: intolerancia, ruina, desolación, disputas, fracaso.

Consejo: "Actúa con paciencia".

Oración: "Pero el Señor es mi fortaleza, mi Dios es la roca en la que me refugio".

18. Caliel
"Dios rápido en conceder".

Coro: Tronos.
Signo astrológico: Géminis.
Planeta: Sol.
Grados astrológicos de regencia: 17 de Aries, 29 de Géminis, 11 de Virgo, 23 de Escorpio, 5 de Acuario, 25 a 29 de Géminis.
Días de regencia: aproximadamente desde el 17 al 21 de junio.

Ayuda a que las personas desarrollen la voluntad y las dotes artísticas. Se lo invoca para obtener un auxilio rápido en las adversidades. Hace triunfar la verdad y la inocencia y protege de los escándalos. Ayuda a que se conozca la verdad en los procesos judiciales.

La práctica para atraer la energía de este ángel es el servicio desinteresado. Caliel en situación favorable revela que más allá de las dificultades, se logrará el éxito esperado si el asunto o quien consulta, se ajusta a la verdad.

Los nacidos bajo su influencia: son amantes de la justicia y de las leyes, personas inteligentes e íntegras. El aspecto contrario influye en la maldad y la mentira para obtener logros materiales.

Mensaje: "Expresa tu gracia".

Favorable indica: publicación, difusión, noticias, novedades, éxito, victoria, conquista.

Adverso indica: mentira, infamia, hipocresía, fracaso, frustración, silencio.

Consejo: "Acércate a personas sabias".

Oración: "El Señor es el juez de las naciones: Júzgame Señor, conforme a mi justicia y de acuerdo con mi integridad".

10° Carta

Interpretación general: la clave que enseña que para evolucionar en aquello que se busca, la esfera del pensamiento debe estar equilibrado positivamente con la del sentimiento. Muchas veces las emociones interfieren en la mente de un modo negativo y, en otras, sucede lo contrario. Es preciso unir lo uno o lo otro positivamente para mejorar el resultado de las realizaciones. Esta carta denota que se debe profundizar y revalorizar lo que se posee.

19. Leuviah
"Dios Auxilio de los Pecadores".

Coro: Tronos.
Signo astrológico: Cáncer.
Planeta: Venus.
Grados astrológicos de regencia: 18 de Aries, 0 de Cáncer, 12 de Virgo, 24 de Escorpio, 6 de Acuario, 0 a 4 de Cáncer.
Días de regencia: aproximadamente entre el 22 y el 27 de junio.

Gobierna sobre la memoria y la inteligencia humana. Se lo puede invocar para la fecundidad y para recuperar la alegría. Este ángel ayuda a superar la tristeza y la queja, a salir del estado de "víctima". Conecta con la belleza y el sentido profundo de la vida. Si este ángel aparece en un lugar importante del tendido, está indicando que se cuenta con la capacidad de mejorar o de revertir una situación, con la ayuda familiar o de aquellos a quienes se consideran íntimos. La práctica para atraer a este ángel es la de la sencillez.

LOS NACIDOS BAJO SU INFLUJO: son personas simples, modestas, nobles y muy queridas. Tienen rasgos juveniles y miran la vida como un gran juego. El aspecto negativo de esta energía domina sobre la pérdida, el derroche y la visión apocalíptica del mundo.

MENSAJE: "Alégrate, tus acciones serán fecundas".

FAVORABLE INDICA: receptividad, femineidad, afecto, atractivo, amistades, casa, hogar, fertilidad, familia.

ADVERSO INDICA: soledad, drama, tristeza, aridez, escasez, falta, pérdida.

CONSEJO: "Encuentra la paz".

ORACIÓN: "Esperé confiadamente en el Señor, Él se inclinó hacia mí y escuchó mi clamor".

22. Yeiayel
"La mano derecha de Dios".

CORO: Tronos.

SIGNO ASTROLÓGICO: Cáncer.

PLANETA: Mercurio.

GRADOS ASTROLÓGICOS DE REGENCIA: 21 de Aries, 3 de Cáncer, 15 de Virgo, 27 de Escorpio, 9 de Acuario, 15 a 19 de Cáncer.

DÍAS DE REGENCIA: aproximadamente entre el 8 y 12 de Julio.

Este trono concede fortuna, buen nombre y la diplomacia. Domina sobre el comercio. Provee orientación en los viajes y también conduce a aquellos a los que se puede recurrir en busca de ayuda. Protege en los viajes y contra las tempestades. Yeiayel en una posición favorable denota que las intenciones son buenas, que el consultante está inspirado y protegido en su camino. La práctica para atraer su energía es la del orden.

Los nacidos bajo su influjo: son personas estimulantes y entretenidas. Les gusta cumplir con sus obligaciones y son muy correctos. Pueden ser tomados por locos o magos. Gustan de trabajar por el bien común. El aspecto contrario domina sobre la esclavitud, el racismo, la piratería y el plagio.

MENSAJE: "Yo te estoy guiando".

FAVORABLE INDICA: viajes, negocios, comercio, dinero, ganancias, compra, bienes, servicio.

ADVERSO INDICA: sometimiento, explotación, cautiverio, sujeción, yugo.

CONSEJO: "No sufras sin sentido".

ORACIÓN: "Él no dejará que resbale tu pie, tu guardián no duerme".

11° Carta

Interpretación general: esta carta expresa que es un tiempo de mirar el camino recorrido, para avanzar sin caer en los mismos errores. Este es un tiempo de afianzar las bondades del pasado para acrecentarlas. Es posible que el consultante o aquello por lo que se pregunta esté trabado por ciertas situaciones pasadas que no lo ayudan. Si logra abrirse a la posibilidad de un cambio profundo, podrá alcanzar lo que desea.

20. Pahaliah
"Dios Redentor".

Coro: Tronos.
Signo astrológico: Cáncer.
Planeta: Venus.
Grados astrológicos de regencia: 19 de Aries, 1 de Cáncer, 13 Virgo, 25 de Escorpio, 7 de Acuario, 5 a 9 de Cáncer.
Días de regencia: aproximadamente entre el 28 y el 2 de julio.

Domina sobre la piedad, la pureza y la Teología. Se lo puede invocar para la protección del error moral, la comprensión de las leyes que rigen el universo y para poder ser piadosos con alguien u obtener la piedad de otra persona. También ayuda a comprender el mundo sutil y los misterios espirituales. La práctica para atraer la energía de este ángel es intentar mantener el equilibrio entre lo que se sabe y lo que se hace.

Los nacidos bajo su influjo: son optimistas y necesitan vivir en armonía. No saben vivir solos y necesitan compañía para sentirse felices. El aspecto contrario domina el fanatismo religioso, la prostitución, el libertinaje.

Mensaje: "Contempla lo invisible".

Favorable indica: piedad, bondad, amparo, apoyo, solidaridad, acuerdos, unión, contención.

Adverso indica: intransigencia, desavenencia, separación, egoísmo, liviandad, vicio.

Consejo: "Suaviza tu genio".

Oración: "¡Líbrame, Señor, de los labios mentirosos y de la lengua traicionera!".

23. Melahel
"Dios que libera".

Coro: Tronos.

Signo astrológico: Cáncer.

Planeta: Luna.

Grados astrológicos de regencia: 22 de Aries, 4 de Cáncer, 16 de Virgo, 28 de Escorpio, 10 de Acuario, 20 a 24 de Cáncer.

Días de regencia: aproximadamente entre el 13 y el 18 de julio.

Este ángel gobierna sobre el agua y las plantas que son necesarias para la sanación de enfermedades. Propicia la lluvia y, por lo tanto, la producción de la tierra. Provee de valentía y honor. Pronunciando su nombre se puede salir airoso de los ataques violentos. Se le puede pedir protección de los asaltos y en los viajes por agua. También resguarda de los contagios y de las enfermedades. La práctica para atraer su energía es la del ser honorable.

Los nacidos bajo su influjo: son valientes y realizan tareas riesgosas, se distinguirán por sus acciones honorables. El hogar y la familia son el sostén emocional de estas personas.

El aspecto contrario influye sobre todo lo que es dañino para la vegetación, y causa las enfermedades y la peste.

Mensaje: "Guíate por tu intuición".

Favorable indica: inspiración, buenos resultados, clarividencia, sanación, alivio, protección.

Adverso indica: dolencia, corrupción, delirio, agobio, decadencia, espejismo.

Consejo: "Serena tus emociones".

Oración: "Él te protegerá en la partida y el regreso, ahora y para siempre".

12° Carta

Interpretación general: la clave es ahora liberarse de los sentimientos negativos que esclavizan. La causa de las dificultades puede estar en la actitud infantil, en la frustración o en la negación de la realidad. Es posible que la idealización sea tan alta que nada satisfaga al consultante. Para superar los obstáculos que impiden el desarrollo es necesario asumir la circunstancia que se vive y desde ahí ir hacia el cumplimiento de las metas. Esta carta habla también de cambios en el hogar, y de innovar dentro del mismo.

21. Melkhael
"Dios, uno y único".

Coro: Tronos.
Signo astrológico: Cáncer.
Planeta: Mercurio.
Grados astrológicos de regencia: 20 de Aries, 2 de Cáncer, 14 de Virgo, 26 de Escorpio, 8 de Acuario, 10 a 14 de Cáncer.
Días de regencia: aproximadamente entre el 3 y el 7 de julio.

Este trono da protección de los enemigos, libera de los que usan sortilegios y de las calumnias. También para liberarse de los malos espíritus y para poder liberarse de una situación opresiva. Ayuda en el estudio de las matemáticas y de las ciencias exacta. La elección de Nelkhael señala que puede haber influencia de fuerzas negativas que impidan el progreso natural de los asuntos, o de las personas por quien se consulta. Es significativo, en este caso, pedir la ayuda de este ángel para transmutar tal energía. La práctica para atraer a este ángel es la del optimismo y la alegría.

LOS NACIDOS BAJO SU INFLUJO: son imaginativos. Podrán desenvolverse fácilmente en lo que se propongan. Son líderes natos y les cuesta no seguir sus ideales. Tienden a ser solitarios en la búsqueda constante de la pareja ideal. El aspecto contrario domina el error, la violencia y la ignorancia.

MENSAJE: "Expresa tus ideas".

FAVORABLE INDICA: superación, buenas amistades, hermandad, metas claras, adaptabilidad, inspiración.

ADVERSO INDICA: deshonra, neurosis, trastornos nerviosos, ilusiones, sensibilidad acorazada, escape, histerias, fantasmas, brusquedad.

CONSEJO: "Valora tus sentimientos".

ORACIÓN: "Señor, que no me avergüence de haberte invocado. Que se avergüencen los malvados y bajen mudos al abismo".

24. Hahcuiah
"Dios bueno por sí mismo".

CORO: Tronos.
SIGNO ASTROLÓGICO: Cáncer.
PLANETA: Luna.
GRADOS ASTROLÓGICOS DE REGENCIA: 23 de Aries, 5 de Cáncer, 17 de Virgo, 29 de Escorpio, 11 de Acuario, 25 a 29 de Cáncer.
DÍAS DE REGENCIA: aproximadamente entre los días 19 y 23 de julio.

Vale para obtener la gracia y la misericordia divina. Este ángel domina sobre los exilados, los fugitivos y los condenados. Impide el descubrimiento de crímenes secretos y a quienes lo hayan cometido si hay arrepentimiento. Protege de los animales peligrosos, de elementales malignos, de ladrones y asesinos. Protege de la violencia en general y ayuda a mejorar la relación entre padres e hijos. En el oráculo, en un lugar negativo, este trono puede dejar ver que hay mucho enojo o ira del pasado que aún puede estar actuando en torno a una situación o individuo. Pero en una buena posición indica que en el presente están superados ciertos sentimientos negativos y que es viable que se cumplan las expectativas del consultante. En este caso es oportuno dejarse guiar por la intuición, de este modo los asuntos se resolverán de manera propicia.

Los nacidos bajo su influjo: gustarán de las ciencias exactas, la sinceridad en las palabras y acciones. El aspecto contrario domina sobre todos los seres peligrosos, induce a cometer crímenes e influye sobre los que intentan vivir en la delincuencia.

Mensaje: "La bondad conduce a la paz".

Favorable indica: receptividad, imaginación, familiaridad, bondad, maternidad, fidelidad, interioridad, viajes, piedad.

Adverso indica: peligro, celos, tristeza, dolor, lamento, capricho, rabia, agresión.

Consejo: "El camino es la fe".

Oración: "Los ojos del Señor están fijos sobre sus fieles, sobre los que esperan misericordia".

13° CARTA

INTERPRETACIÓN GENERAL: he aquí la clave de la prosperidad. Esta carta indica que todo por lo que se pregunte tendrá un buen fin. Es posible que surjan oportunidades laborales, beneficios gracias a actividades creativas, con resultados a largo plazo. Tal vez el reconocimiento de un esfuerzo sostenido durante mucho tiempo llegue ahora. De cualquier modo, si el consultante se compromete con una tarea, o en una relación, o con una situación, podrá lograr sus objetivos.

25. Nith-Haiah
"Dios que da la sabiduría".

CORO: Dominaciones.
SIGNO ASTROLÓGICO: Leo.
PLANETA: Saturno.
GRADOS ASTROLÓGICOS DE REGENCIA: 24 de Aries, 6 de Cáncer, 18 de Virgo, 0 de Sagitario, 12 de Acuario, 0 a 4 de Leo.
DÍAS DE REGENCIA: aproximadamente entre el 24 y el 28 de julio.

Nos ayuda a obtener sabiduría y develar misterios ocultos. Se le puede pedir revelaciones a través de los sueños y perseverancia para la práctica de ejercicios espirituales. Aporta paz y su elección en un lugar favorable indica que quien consulta será capaz de dar consejos y podrá, si se lo propone, ser un guía espiritual para los demás. En relación a un problema, este ángel expresa que con sabiduría es posible llegar a una solución satisfactoria. Es preciso construir buenos deseos y esforzarse para conseguir los objetivos que se persiguen. Puede que se presente una mejora laboral que dará frutos en el futuro. La práctica para atraer a este ángel es la de pensar a Dios en lo cotidiano.

Los nacidos bajo su influencia: gustarán de la soledad y de la paz. Es posible que practique la magia de los sabios y que sea un buscador de la verdad. El aspecto contrario domina sobre la ambición y la maldad.

Mensaje: "Encuentras tu Maestro."

Favorable indica: sabiduría, conocimientos ocultos, discernimiento, autoridad, generosidad, buen sentido.

Adverso indica: malos consejos, error, ambición desmedida, prejuicios, soledad, vejez, indiferencia.

Consejo: "·Eleva tu conciencia."

Oración: "Te doy gracias, Señor, de todo corazón y proclamaré todas tus maravillas."

28. Seheiah
"Dios que sana a los enfermos".

Coro: Dominaciones.
Signo astrológico: Leo.
Planeta: Júpiter.
Grados astrológicos de regencia: 27 de Aries, 9 de Cáncer, 21 de Virgo, 3 de Sagitario, 15 de Acuario, 15 a 19 de Leo.
Días de regencia: aproximadamente entre el 8 y el 13 de agosto.

Este ángel protege contra los incendios, las ruinas de edificios, las caídas, las enfermedades y el rigor del destino. Domina sobre la salud y la larga vida. En su elección favorable denota buena salud o reestablecimiento de la misma. Es un tiempo de suerte y de prosperidad, todo llegará a un buen destino. Habrá oportunidades y depende del consultante saber tomarlas. Para que esto suceda es necesario prestar atención y no caer en la comodidad. La práctica para atraer a este ángel es la de la prudencia.

LOS NACIDOS BAJO SU INFLUJO: son juiciosos y sensatos. Tendrán larga y feliz vida.

El aspecto contrario domina sobre las catástrofes, los accidentes y causa apoplejías. Influye sobre aquellos que nunca reflexionan antes de actuar.

MENSAJE: "Revela lo que sientes".

FAVORABLE INDICA: buen humor, entusiasmo, oportunidad, confianza, sanación, fe, buena suerte, final feliz, sucesos azarosos, ganancias.

ADVERSO INDICA: rutina, vagancia, indiferencia, comodidad, perjuicios, reveses, egoísmo.

CONSEJO: "Evita los excesos".

ORACIÓN: "¡Oh Dios, no te alejes de mí! ¡Dios mío, ven pronto a socorrerme!".

14° CARTA

INTERPRETACIÓN GENERAL: esta es una clave de protección, indica que es necesario profundizar para poder realizar creativamente y obtener el éxito en cualquier situación. Enseña que es mejor detenerse y meditar sobre los objetivos que se tienen. No es aconsejable actuar sin saber con claridad qué es lo que se quiere. Si el consultante está seguro de sus deseos, es bueno que ahora se permita una revisión; luego es conveniente que ponga todo su empeño en conseguir lo que busca porque tendrá el apoyo espiritual que necesita. Esta carta denota que el éxito será logrado con esfuerzo y voluntad.

26. Haaiah
"Dios oculto".

CORO: Dominaciones.
SIGNO ASTROLÓGICO: Leo.
PLANETA: Saturno.
GRADOS ASTROLÓGICOS DE REGENCIA: 25 de Aries, 7 de Cáncer, 19 de Virgo, 1 de Sagitario, 13 de Acuario, 5 a 9 de Leo.
DÍAS DE REGENCIA: aproximadamente entre el 29 de julio y el 2 de agosto.

Esta dominación protege a quienes buscan la verdad y conduce a la contemplación de las cosas divinas. En el mundo domina sobre la política, la diplomacia, los tratados de paz y de comercio y a todas las convenciones en general. Influye sobre los mensajeros y las noticias. Protege de las conspiraciones. Cuando Haaiah es elegido revela que es posible que haya noticias sobre el asunto que se consulta; si es favorable, ellas serán positivas y si es adverso, es factible que no lo sean; en este caso se deberá tomar el consejo del ángel para contrarrestar los efectos. Es posible la ayuda de personas con poder, o que tal vez quien consulta obtenga un cargo o el reconocimiento que estaba esperando. Denota esfuerzo constructivo y trabajo por un largo periodo de tiempo. La práctica para atraer a este ángel es la de la diplomacia.

Los nacidos bajo su influjo: son justos y agradables en su trato. Les gustan los viajes y se adaptan con facilidad. El aspecto contrario domina sobre los traidores, los ambiciosos y los conspiradores.

Mensaje: "Contempla la creación e inspírate en el gran alquimista".

Favorable indica: tacto, perseverancia, paciencia, serenidad, constancia, gusto por el trabajo, concreciones.

Adverso indica: engaño, imitación, demanda, exigencia, disgusto, pesar, aislamiento, esterilidad.

Consejo: "Esclarece tus deseos".

Oración: "El Señor cumple los deseos de sus fieles, escucha su clamor y les da la salvación".

29. Reiyel
"Dios dispuesto a socorrer".

Coro: Dominaciones.
Signo astrológico: Leo.
Planeta: Marte.
Grados astrológicos de regencia: 28 de Aries, 10 de Cáncer, 22 de Virgo, 4 de Sagitario, 16 de Acuario, 20 a 24 de Leo.

Días de regencia: aproximadamente entre el 14 y el 18 de agosto.

Protege de los incrédulos y de los enemigos visibles e invisibles. Domina sobre la espiritualidad, la filosofía y la meditación. Se le puede pedir liberación de los sortilegios, de los engaños, del mal de ojo. Así como inspiración para la oración y la difusión de las artes espirituales en forma oral o escrita. Reiyel es un ángel que en el oráculo revela que quien lo elige posee una gran fuerza creativa, con dotes fuera de lo común. En relación a los asuntos por los que se consulta, ellos se solucionarán si aquellos de los cuales esta situación depende dominan su orgullo. Esto es tanto para las relaciones afectivas como para las laborales. Es posible que este ángel desfavorable esté indicando que hay mucha energía, pero que la misma está mal dispuesta. Hay que evitar tener demasiada condescendencia con uno mismo. La práctica para atraer a este ángel es dominar la vanidad.

Los nacidos bajo su influjo: se distinguirán por sus virtudes y su trabajo en propagar la verdad, se esforzarán en proclamar la misericordia para los que sufren. El aspecto contrario domina sobre el fanatismo y la hipocresía.

Mensaje: "Triunfa la verdad".

Favorable indica: empuje, vigor, valentía, potencia, estima, protección, liberación, victoria.

Adverso indica: soberbia, rivalidad, disputas, abandono, descuido, intolerancia, provocación.

Consejo: "Libérate del letargo".

Oración: "Porque Dios es mi socorro. El Señor es el sostén de mi alma".

15° CARTA

INTERPRETACIÓN GENERAL: esta es una clave de pasión, energía, liberación y prosperidad. Esta carta indica que es un período en donde la pasión por los ideales triunfarán por sobre cualquier especulación que se realice. Es tiempo de creer en lo que se cree y avanzar dejando atrás cualquier atadura. Las esperanzas se verán cumplidas. La confianza que se ponga es la medida de los resultados que se tendrán. Es momento de ampliar la mirada y de arriesgar.

27. Ierathel

"Dios que castiga a los malvados".

CORO: Dominaciones.
SIGNO ASTROLÓGICO: Leo.
PLANETA: Júpiter.
GRADOS ASTROLÓGICOS DE REGENCIA: 26 de Aries, 8 de Cáncer, 20 de Virgo, 2 de Sagitario, 14 de Acuario, 10 a 14 de Leo.
DÍAS DE REGENCIA: aproximadamente entre el 3 y el 7 de agosto.

Este ángel protege a quienes son atacados injustamente. Asiste en realizar una tarea social y espiritual en pos de la independencia y el bienestar. Domina sobre la propagación de la cultura, la civilización y la libertad. Si Ierathel es el ángel elegido, indica que la suerte está de nuestro lado, que todo saldrá bien y que si los anhelos son justos se presentará la oportunidad de que se logren. Eso sí, no hay que caer en el engreimiento, es necesario no dejar de ver que hay quienes necesitan que se los ayude. Este ángel expresa que hay posibilidades de tener hijos físicos o espirituales, que las obras que realicemos serán abundantes y que por medio de la creatividad se podrá prosperar. Hay que cuidarse de la exageración en todos los órdenes.

LOS NACIDOS BAJO SU INFLUJO: son seres pacíficos, justos y que gustan de las artes y de la cultura en general. El aspecto contrario domina sobre la ignorancia y la esclavitud.

MENSAJE: "Contempla la divinidad".

FAVORABLE INDICA: justicia, liberación, emancipación, sinceridad, salvación, fecundidad, abundancia, diversión.

ADVERSO INDICA: abuso, deshonra, ingratitud, oscurantismo, incompetencia, torpeza.

CONSEJO: "Controla tus pasiones".

ORACIÓN: "Líbrame, Señor, de la gente malvada, protégeme de los hombres violentos".

30. Omael

"Dios paciente".

CORO: Dominaciones.

SIGNO ASTROLÓGICO: Leo.

PLANETA: Marte.

GRADOS ASTROLÓGICOS DE REGENCIA: 29 de Aries, 11 de Cáncer, 23 de Virgo, 5 de Sagitario, 17 de Acuario, 25 a 29 de Leo.

DÍAS DE REGENCIA: aproximadamente entre el 19 y el 23 de agosto.

Esta dominación sirve para contrarrestar las penas, la desesperación y para obtener paciencia. Aporta confianza en las propias potencias y capacidades. Domina sobre el reino animal y vigila la propagación de los seres. Otorga fecundidad y facilidad en los partos. Protege y guía a los médicos y cirujanos, influye también sobre los químicos. Se le puede pedir guía para encontrar el medico adecuado. La práctica para atraer su energía, es la del interés por el prójimo.

Los nacidos bajo su influjo: son seres que se distinguirán en el área de la medicina.

El aspecto contrario influye sobre la indiferencia y sobre los fenómenos monstruosos.

Mensaje: "Conéctate con tu fuerza".

Favorable indica: paz, fecundidad, abundancia, pasión, seguridad, energía, atracción.

Adverso indica: celos, desconfianza, incidentes, contratiempos, amenazas.

Consejo: "Pon tu cuerpo en movimiento".

Oración: "Porque tú, Señor, eres mi esperanza y mi seguridad desde mi juventud".

16° CARTA

INTERPRETACIÓN GENERAL: esta clave indica que es propicio esperar un tiempo para que las esperanzas se vean cumplidas. Es mejor ahora concentrarse en el servicio y en aquello que se puede ofrecer, que en lo que se espera recibir. Hoy por hoy, la llave es callar para ahondar en lo que es trascendente para el consultante, y dejar de lado las cuestiones pequeñas que lo distraen del camino que debe transitar. Es necesario revalorizar las propias potencias, para optimizar tanto las relaciones como los asuntos que atañen a la salud.

31. Lecabel
"Dios que inspira".

CORO: Dominaciones.
SIGNO ASTROLÓGICO: Virgo.
PLANETA: Sol.
GRADOS ASTROLÓGICOS DE REGENCIA: 0 de Tauro, 12 de Cáncer, 24 de Virgo, 6 de Sagitario, 18 de Acuario, 0 a 4 de Virgo.
DÍAS DE REGENCIA: aproximadamente entre el 24 y el 28 de agosto.

Lecabel ayuda a obtener lucidez y en descubrir procedimientos útiles en la profesión que se ejerce. Aporta fortaleza física y talento para hacer fortuna. Domina sobre la vegetación y la agricultura y por lo tanto se le lo puede invocar para obtener abundancia en las cosechas. La elección de esta Dominación en la consulta, indica que el trabajo o la tarea tendrán muy buenos resultados y que aquel por quien se consulta es una persona muy hábil para resolver las dificultades que se pueden presentar. Es un tiempo más para hacer, que para contemplar. Es mejor no quedarse detenido en los detalles de la situación.

Los nacidos bajo su influjo: se distinguirán por sus ideas luminosas y resolverán las cuestiones más difíciles gracias a sus talentos. El aspecto contrario domina la avaricia, la usura e influye sobre los que se enriquecen por medios ilegítimos.

Mensaje: "Tu generosidad será retribuida".

Favorable indica: soluciones, habilidad, destreza, análisis objetivo, ascenso, servicio, tratamiento exitoso.

Adverso indica: actitud crítica, exceso de detalle, mezquindad, enjuiciamiento, cobardía, egoísmo.

Consejo: "Contempla la grandeza de la vida".

Oración: "Vendré a celebrar las proezas del Señor, evocaré tu justicia, que sólo es tuya".

34. Lehaiah
"Dios clemente".

Coro: Potencias.

Signo astrológico: Virgo.

Planeta: Venus.

Grados astrológicos de regencia: 3 de Tauro, 15 de Cáncer, 27 de Virgo, 9 de Sagitario, 21 de Acuario, 15 a 19 de Virgo.

Días de regencia: aproximadamente entre el 9 y el 13 de septiembre.

Lehaiah es una gran ayuda para detener la cólera, mantener la armonía, la buena inteligencia y la paz entre las personas. En el oráculo invita a emplear la razón y el ingenio para sortear las dificultades. Es un periodo para analizar los sucesos afectivos y las relaciones laborales, para tomar decisiones. Ahora es mejor callar y pensar antes de dar una opinión, para no caer en la crítica que no ayuda a mejorar. Es preciso centrarse en lo trascendente y apreciar las buenas posibilidades que se presentan.

LOS NACIDOS BAJO SU INFLUJO: son personas célebres por sus talentos y acciones. Tienen altos valores morales y atraen benefactores de alta jerarquía. El aspecto contrario influye sobre la guerra, la discordia y la ruina.

MENSAJE: "Valora tus experiencias".

FAVORABLE INDICA: facilidad para el trabajo, sencillez, lealtad, rentabilidad, buena salud, colaboración.

ADVERSO INDICA: dificultades amorosas, estafa, escasez, limitación, incompetencia.

CONSEJO: "Relájate, todo tiene su tiempo".

ORACIÓN: "Mi alma espera en el Señor y yo confío en su palabra".

17.° CARTA

INTERPRETACIÓN GENERAL: esta clave indica que hay que realizar algunos ajustes para que todo fluya mejor. Es preciso revisar el amor con que se realizan las tareas y detenerse en las necesidades de quienes están cerca, aunque esto pueda incomodar. Tener en claro las metas compartidas y el modo de alcanzarlas, será el punto de partida para encontrar soluciones.

32. Vasariah
"Dios Justo".

CORO: Dominaciones.

SIGNO ASTROLÓGICO: Virgo.

PLANETA: Sol.

GRADOS ASTROLÓGICOS DE REGENCIA: 1 de Tauro, 13 de Cáncer, 25 de Virgo, 7 de Sagitario, 19 de Acuario, 5 a 9 de Virgo.

DÍAS DE REGENCIA: aproximadamente entre el 29 de agosto y el 2 de septiembre.

Este ángel domina sobre la justicia, influye sobre las acciones nobles, los abogados y los jueces. Se le puede pedir auxilio para todo lo relacionado con la justicia. Otorga una feliz memoria y combate las malas cualidades del alma. Vasariah invita a gozar del trabajo que se realiza, es posible que se reciba una promoción o una mejora de algún tipo. Es un tiempo de perfeccionar los procedimientos para buscar mayor eficiencia. Es posible que se sienta fastidio por estar supeditado a las exigencias de los demás. Los asuntos, en general, se solucionarán con justicia. Tal vez sea un buen tiempo para adoptar medidas que tiendan a mejorar la salud.

LOS NACIDOS BAJO SU INFLUJO: tienen buena memoria y facilidad de palabra, son seres amables, espirituales y modestos. El aspecto contrario domina sobre el rencor, la maldad y la irresponsabilidad.

MENSAJE: "Confía en la justicia".

FAVORABLE INDICA: eficiencia, dominio, equidad, aprobación, definición, esclarecimiento.

ADVERSO INDICA: amenaza, corrupción, imprudencia, abandono, resentimiento.

CONSEJO: analiza tu actitud.

ORACIÓN: "Porque la palabra del Señor es recta y él obra siempre con lealtad".

35. Chavakiah
"Dios que da la felicidad".

CORO: Potencias.

SIGNO ASTROLÓGICO: Virgo.

PLANETA: Mercurio.

GRADOS ASTROLÓGICOS DE REGENCIA: 4 de Tauro, 16 de Cáncer, 28 de Virgo, 10 de Sagitario, 22 de Acuario, 20 a 24 de Virgo.

DÍAS DE REGENCIA: aproximadamente entre el 14 y el 18 de septiembre.

Se invoca su ayuda para pedir perdón a quienes se ha ofendido. Hay que pronunciar su nombre cada día hasta que se esté reconciliado con la persona. Este ángel domina sobre los testamentos y las reparticiones de bienes. Mantiene la paz y la armonía en las familias y evita los procesos injustos y ruinosos. Chavakiah en un lugar favorable del oráculo indica una mejoría en los asuntos laborales, así como también en las relaciones con los superiores o los empleados. En cuanto a las relaciones amorosas, no es un tiempo muy favorable a causa de tratos que no están clarificados. Si hay una dieta equilibrada, la salud está protegida.

Los nacidos bajo su influjo: gustan de vivir en armonía con todo el mundo, incluso a expensas de sí mismos. Su bienestar emocional depende de la aprobación de los demás.

El aspecto contrario domina sobre la discordia y la confusión en la familia.

Mensaje: "Yo te llevaré por el camino de la paz".

Favorable indica: habilidad de juicio, ingenio, armonía, diálogos, lucidez, pactos, acuerdos laborales y legales.

Adverso indica: contradicción, lucha, caos, desasosiego, decisiones equivocadas.

Consejo: "Confía en el amor de los demás".

Oración: "Amo al Señor porque él escucha el clamor de mis súplicas".

18° CARTA

INTERPRETACIÓN GENERAL: esta clave indica que se corre el riesgo de caer en el error, por hacer un análisis incorrecto de la realidad. Es necesario buscar ayuda de alguien de confianza y prestar atención a sus consejos. La llave aquí es no encerrarse en el propio pensamiento y avanzar con confianza en que se encontrará el alivio deseado. Si se piensa con belleza se crea con belleza.

33. Iehuiah

"Dios que conoce todas las cosas".

CORO: Potencias.
SIGNO ASTROLÓGICO: Virgo.
PLANETA: Venus.
GRADOS ASTROLÓGICOS DE REGENCIA: 2 de Tauro, 14 de Cáncer, 26 de Virgo, 8 de Sagitario, 20 de Acuario, 10 a 14 de Virgo.
DÍAS DE REGENCIA: aproximadamente entre el 3 y el 8 de septiembre.

Este ángel es un protector de los creyentes, ayuda a conocer a los traidores y a destruir las conspiraciones. Aporta la energía mental necesaria para cumplir con los objetivos fijados. Se le puede pedir protección y la fidelidad de los subordinados y empleados. Iehuiah augura soluciones y buenos momentos en lo que ocupa al consultante, si la salud se encuentra afectada será restablecida con facilidad siguiendo un tratamiento adecuado. Es mejor no analizar las emociones y no hacer críticas que pueden herir los sentimientos de los demás.

Los nacidos bajo su influjo: son seres responsables, que necesitan de un hogar tranquilo para desarrollar su equilibrio. El aspecto contrario domina sobre las revueltas, la intolerancia y la falta de escrúpulos.

Mensaje: "Nada te faltará".

Favorable indica: modestia, inocencia, aceptación, confianza, aprendizaje, regeneración.

Adverso indica: problemas corporales, desubicación, falsa apariencia, problemas económicos.

Consejo: "Que no se cierre tu pensamiento".

Oración: "El Señor conoce el pensamiento del hombre y sabe de su vanidad".

36. Menadel
"Dios adorable".

Coro: Potencias.

Signo astrológico: Virgo.

Planeta: Mercurio.

Grados astrológicos de regencia: 5 de Tauro, 17 de Cáncer, 29 de Virgo, 11 de Sagitario, 23 de Acuario, 25 a 29 de Virgo.

Días de regencia: aproximadamente entre el 19 y el 23 de septiembre.

Se lo invoca para mantener el trabajo y conservar los medios de existencia que se poseen. Ayuda contra las calumnias y a liberarse de situaciones opresivas. Este ángel da noticias de aquellos que están ausentes, hace volver a los que están lejos y descubre los bienes perdidos u olvidados. Menadel expresa que con confianza y voluntad es posible resolver cualquier dificultad. Pensando en lo que se ha perdido o en lo que se puede perder no se logrará dar un paso para acercarse a la solución. Incluso, ahora es mejor perder, para más adelante poder conquistar lo que se ansía. Soltar y dejarse fluir es en este caso un gran avance.

LOS NACIDOS BAJO SU INFLUJO: son seres seguros de sí, muy directos en el trato y perfeccionistas. El aspecto contrario inspira a huir de la justicia, induce a la pereza y al ocio.

MENSAJE: "Créeme, déjate guiar".

FAVORABLE INDICA: uniones fraternas, buenas noticias, amigos que ayudan, estabilidad, liberación, confianza en la propia valía.

ADVERSO INDICA: inseguridad personal, autismo, inconexión, desidia, estancamiento.

CONSEJO: "Aviva tu fe".

ORACIÓN: "Yo amo la casa donde habitas, el lugar donde reside tu Gloria".

19° CARTA

INTERPRETACIÓN GENERAL: la clave aquí es crecer emocionalmente, las dificultades pueden devenir a causa de una actitud excesivamente dependiente, de la falta de compromiso o de un estado de aislamiento que impide el avance. Las relaciones que existen pueden ser más fuertes y duraderas, si se evita caer en disputas emocionales a causa de celos o de sentimientos extremadamente posesivos.

37. Aniel
"Dios de las Virtudes".

CORO: Potencias.
SIGNO ASTROLÓGICO: Libra.
PLANETA: Luna.
GRADOS ASTROLÓGICOS DE REGENCIA: 6 de Tauro, 18 de Cáncer, 0 de Libra, 12 de Sagitario, 24 de Acuario, 0 a 4 de Libra.
DÍAS DE REGENCIA: aproximadamente entre el 24 y el 28 de septiembre.

Este ángel aporta una gran paciencia y sentido del humor. Confiere mucha energía y madurez, además de fortaleza para enfrentar las situaciones más difíciles. Se lo puede invocar para obtener éxito cuando hay limitaciones externas, y también inspira para obtener sabiduría para manejar un asunto, brindando protección contra los estafadores. Indica que los sentimientos son profundos, pero que tal vez es necesario demostrarlos con más fuerza, siendo lo ideal comprometerse y expresar lo que se siente. Es momento de compartir las emociones y así fortalecer los vínculos.

LOS NACIDOS BAJO SU INFLUJO: son personas pacíficas y su bienestar emocional depende de la aprobación de los demás.

MENSAJE: "La gracia es infinita".

FAVORABLE INDICA: diplomacia, cortesía, elegancia, relaciones públicas, actuación, equilibrio.

ADVERSO INDICA: caprichos, inconstancia, degradación, rechazo, supeditación, mal fin.

CONSEJO: "Cultiva tu autonomía".

ORACIÓN: ¡Oh, Señor de los ejércitos, levántanos! ¡Muéstranos tu rostro sereno y estaremos salvados!".

40. Ieiazel
"Dios que regocija".

CORO: Potencias.

SIGNO ASTROLÓGICO: Libra.

PLANETA: Saturno.

GRADOS ASTROLÓGICOS DE REGENCIA: 9 de Tauro, 21 de Cáncer, 3 de Libra, 15 de Sagitario, 27 de Acuario, 15 a 19 de Libra.

DÍAS DE REGENCIA: aproximadamente del 9 al 13 de octubre.

Este ángel tiene propiedades maravillosas, como por ejemplo liberar a las personas de situaciones opresivas en las que se sientan encarceladas. También libera de los enemigos y da un gran consuelo. Domina sobre las imprentas, las librerías, los escritores y artistas. Ieiazel expresa la necesidad de comprometerse sea en una situación, un trabajo o una relación. Si se tienen asuntos legales pendientes, es posible que se demoren pero si se es veraz se resolverán favorablemente. La pareja o las relaciones pueden estar pasando por un momento de estructuración, y si se actúa con criterio se llegará a una feliz renovación. Puede que el consultante se sienta o se encuentre en una fase de introspección o de soledad que lo ayude a madurar afectivamente.

Los nacidos bajo su influjo: serán personas mentalmente creativas y de ideas brillantes. Gustarán de la lectura y del dibujo. El mal genio domina sobre la gula, el descuido con el cuerpo, el pesimismo y la prostitución.

Mensaje: "Decídete y te ayudaré...".

Favorable indica: sensatez, buen juicio, formalidad, orden, crecimiento, compromiso, matrimonio, responsabilidad en la pareja.

Adverso indica: limitación afectiva, sociedades erróneas, pérdida de lugar social, experiencia difícil, separación.

Consejo: "Intenta ser más flexible".

Oración: "¿Por qué, Dios, rechazas mis plegarias, por qué ocultas tu rostro?".

20° CARTA

INTERPRETACIÓN GENERAL: esta es una clave de amparo. El cielo es propio para el consultante y es posible que se presenten posibilidades muy esperadas. La verdad triunfa y es claro que todo apunta a que las soluciones lleguen sin mucho esfuerzo. Es un tiempo en que se aumentan las relaciones en general y gracias a ellas surgen buenas oportunidades de mejorar y de lograr los fines que se persiguen.

38. Haamiah

"Dios, la esperanza de todos los hijos de la tierra".

CORO: Potencias.
SIGNO ASTROLÓGICO: Libra.
PLANETA: Luna.
GRADOS ASTROLÓGICOS DE REGENCIA: 7 de Tauro, 19 de Cáncer, 1 de Libra, 13 de Sagitario, 25 de Acuario, 5 a 9 de Libra.
DÍAS DE REGENCIA: aproximadamente del 29 al 3 de octubre.

Este ángel es propicio contra el rayo, las armas, los animales feroces y los espíritus malignos. Su poder es indicado para detener los trabajos de magia negra, los hechizos, las relaciones enfermizas y los enemigos de cualquier tipo. Haamiah en una situación desfavorable advierte que fuerzas oscuras pueden estar ejerciendo su influencia sobre el consultante y en una situación dada. Es aconsejable realizar una purificación para despejar estas energías. En un lugar favorable, este ángel indica que la protección está dada, que si se tiene fe se alcanzarán logros importantes. Las relaciones pueden ayudar mucho a que esto suceda, por eso mismo es conveniente no aislarse.

Los nacidos bajo su influjo: son personas metódicas, estudiosas e introspectivas. El aspecto contrario domina sobre la mentira y el error, e influye sobre los que no tienen principios espirituales.

Mensaje: "Afírmate en la esperanza, que mi ayuda es veloz".

Favorable indica: gracia, atracción, purificación, sutileza, incitación, festividad, alegría.

Adverso indica: energías negativas, satanismo, brujería, hechicería, fantasmas.

Consejo: "Conéctate con un maestro espiritual".

Oración: "Señor, tú eres mi refugio y en el muy Alto, encuentro mi asilo".

41. Hahahel
"Dios en tres personas".

Coro: Virtudes.

Signo astrológico: Libra.

Planeta: Júpiter.

Grados astrológicos de regencia: 10 de Tauro, 22 de Cáncer, 4 de Libra, 16 de Sagitario, 28 de Acuario, 20 a 24 de Libra.

Días de regencia: aproximadamente del 14 al 18 de octubre.

Este ángel es quien defiende la fe de aquellos que son sus enemigos y protege de los calumniadores y mentirosos. Resguarda a los misioneros y a todos los que buscan a la divinidad. Se le puede pedir la fe, una mirada nueva sobre la realidad, y la energía y la protección para el servicio. Hahahel, en el oráculo, expresa buena suerte en las oportunidades que se presentan a través de una sociedad o de la pareja. Es un buen presagio para ganar una disputa, un juicio o cualquier asunto que esté relacionado con lo legal. La única condición para superar cualquier problema es ser moderado y no sobreestimar nada.

LOS NACIDOS BAJO SU INFLUJO: son personas que se consagrarán al servicio y nada los detendrá para cumplir con su misión. La energía contraria influye sobre los renegados, los traidores de la fe y los escándalos.

MENSAJE: "Tu vida se colma de amor".

FAVORABLE INDICA: matrimonio, sociedades provechosas, contratos, liderazgo, buena suerte en las relaciones amorosas.

ADVERSO INDICA: soberbia, promesas que no se cumplen, inconsistencia, insensatez.

CONSEJO: "Comprométete sólo con lo que puedes cumplir".

ORACIÓN: "Eterno, libera mi alma de labios perversos y de la lengua engañosa".

21° Carta

Interpretación general: esta es la clave de la sanación y es una carta que expresa la posibilidad de reestablecer la armonía, tanto del cuerpo o del alma si se desarrollan la fe y la esperanza. Si hay tensión entre el deber y la libertad, es momento de situarse en un lugar que permita comprender que la libertad reside en el compromiso que se posee, ya sea con una relación, un trabajo o con la propia persona.

39. Rehael
"Dios que recibe a los pecadores".

Coro: Potencias.
Signo astrológico: Libra.
Planeta: Saturno.
Grados astrológicos de regencia: 8 de Tauro, 20 de Cáncer, 2 de Libra, 14 de Sagitario, 26 de Acuario, 10 a 14 de Libra.
Días de regencia: aproximadamente del 4 al 8 de octubre.

Este ángel ayuda en la sanación de las enfermedades y para obtener la misericordia de Dios. Domina sobre la salud y la duración de la vida. Se le puede pedir también sobre el amor filial y la relación con los hijos. Al que lo invoque no le será difícil vencer el mal. Influye sobre el conocimiento sobre las vidas pasadas, las leyes universales y los misterios de la creación. Rehael expresa que el compromiso y el amor son la solución para las dificultades que atraviesa el consultante. Hacer con amor o profundizar los lazos sería la sugerencia. Si Rehael es desfavorable, es posible que se ganen adversarios o que una relación que no está bien asentada se rompa. También es probable que los asuntos legales se demoren más de lo previsto o que los fallos sean negativos para los intereses del consultante.

Los nacidos bajo su influencia: Tendrán el don de la sanación, serán fuertes y convencidos de que el hombre puede superar todos los obstáculos con su inteligencia. El genio contrario, llamado Tierra Muerta o Tierra Maldita, es el más cruel y más traidor que se conoce, e influye sobre los infanticidios y parricidios.

Mensaje: "Nada es más importante que el amor".

Favorable indica: esfuerzos en común, compromiso, responsabilidad afeçtiva.

Adverso indica: soledad, aislamiento, limitación, sufrimiento, separación, obstáculos en la pareja.

Consejo: "Refuerza tus lazos afectivos".

Oración: "Escucha, Señor, apiádate de mí. Señor, acude en mi socorro".

42. Mikael
"Casa de Dios, Virtud de Dios, parecido a Dios".

Coro: Virtudes.

Signo astrológico: Libra.

Planeta: Júpiter.

Grados astrológicos de regencia: 11 de Tauro, 23 de Cáncer, 5 de Libra, 17 de Sagitario, 29 de Acuario, 25 a 29 de Libra.

Días de regencia: aproximadamente del 19 al 23 de octubre.

Influye sobre los gobernantes, mantiene a los subordinados en la obediencia y a todos aquellos que buscan una revuelta. Se lo invoca para la seguridad en los viajes, y para descubrir a los traidores. Mikael en el oráculo, es un excelente presagio. Es propicio emprender acciones en común con otras personas que lleven a concretar los ideales. Es un tiempo de expansión y de abrirse a nuevos enfoques que traerán beneficios para el consultante.

LOS NACIDOS BAJO SU INFLUJO: son personas que se distinguirán en la política y en la diplomacia.

El mal genio domina sobre la traición, la malevolencia y sobre los que propagan las falsas noticias.

MENSAJE: "La unión da felicidad".

FAVORABLE INDICA: oportunidades, prosperidad en sociedades, juicios favorables, armonía afectiva.

ADVERSO INDICA: altivez, vanidad, pereza, traición, infidelidad, promesas que no se cumplen.

CONSEJO: "Esfuérzate por lo que amas".

ORACIÓN: "El Señor te guardará de todo mal. Él guardará tu alma".

22° Carta

Interpretación general: esta clave es de transmutación, de elevación de lo que está caído. Es posible que las cosas tomen un rumbo diferente al esperado, lo importante es que hay mucha fuerza e inteligencia para atravesar cualquier situación. La percepción del consultante es aguda y podrá sortear con astucia las dificultades. Las transformaciones que se vivan lo llevarán a tomar determinaciones muy importantes que darán un giro a la existencia.

43. Veuliah
"Rey Dominante".

Coro: Virtudes.
Signo astrológico: Escorpio.
Planeta: Marte.
Grados astrológicos de regencia: 12 de Tauro, 24 de Cáncer, 6 de Libra, 18 de Sagitario, 0 de Piscis, 0 a 4 de Escorpio.
Días de regencia: aproximadamente entre el 24 y 28 de octubre.

Veuliah ayuda a vencer a los enemigos y a liberarse de la esclavitud o de la dependencia de cualquier enfermedad, situación o persona. Domina sobre la paz, la prosperidad y el poder, ayudando a obtener el reconocimiento de otros para sentir seguridad en la posición que se ocupa. Fortalece lo débil; esta virtud expresa la voluntad que influye sobre la situación. Es un tiempo de cambios profundos. Si el ángel es positivo, se posee la fuerza y se tiene capacidad para atravesar el trance sin dificultades y con buenos resultados. Hay que apostar pues se está en buen camino.

LOS NACIDOS BAJO SU INFLUENCIA: son honorables y servirán a la sociedad. Muy buenos estrategas, obtendrán la confianza de sus superiores gracias a su integridad. El mal aspecto pone discordia entre los poderosos, influye en la destrucción de las empresas y preside la ruina.

MENSAJE: "Tu voluntad trabaja por el bien: ¡Obtendrás la victoria!".

FAVORABLE INDICA: fuerza, dominio, voluntad, capacidad de obtener lo que se busca, regeneración.

ADVERSO INDICA: dificultades económicas, pérdidas, agresión, venganza, deudas, enemistades.

CONSEJO: "Obra por la paz".

ORACIÓN: "¡Oh, Señor, yo imploro tu socorro y mi plegaria de la mañana se eleva hacia ti!".

46. Ariel

"Dios revelador".

CORO: Virtudes.

SIGNO ASTROLÓGICO: Escorpio.

PLANETA: Sol.

GRADOS ASTROLÓGICOS DE REGENCIA: 15 de Tauro, 27 de Cáncer, 9 de Libra, 21 de Sagitario, 3 de Piscis, 15 a 19 de Escorpio.

DÍAS DE REGENCIA: aproximadamente del 8 al 12 de noviembre.

Este ángel ayuda a quienes lo invocan para concretar los sueños más profundos. Permite encontrar tesoros ocultos y da protección contra las mortificaciones del espíritu. Inspira a solucionar los problemas más difíciles y, generalmente, revela en sueños la clave de lo que se busca. Ariel revela que es un tiempo de cambios en las finanzas, puede haber imprevistos que se podrán solucionar pero que traen intranquilidad. Existe la posibilidad de comprar o vender. También es posible que se conozca a alguien que impresione al consultante y que lo obligue a realizar un examen de sí mismo, a tomar una decisión importante o a hacer un gran cambio en su vida.

Los nacidos bajo su influencia: Son criaturas dotadas de un espíritu fuerte y sutil que conseguirá resolver los inconvenientes más complicados de un modo sencillo. El aspecto contrario causa las aflicciones del espíritu y conduce a los hombres a cometer las mayores inconsciencias. Influye sobre los espíritus débiles.

Mensaje: "Imagina y descubrirás el camino que debes seguir".

Favorable indica: protección, buena intuición, proyectos que benefician, energía, vitalidad, logros, cambios financieros que son favorables.

Adverso indica: acreedores, dificultades de dinero, desequilibrios, inestabilidad física o mental.

Consejo: "Confía en quienes te aman y sigue sus consejos".

Oración: "La bondad del Señor es para todos y su misericordia se extiende a todas sus obras".

23° Carta

Interpretación general: esta clave habla de la unidad entre el amor y la pasión. Si hay unidad, se encuentran la armonía y la fuerza que se necesitan para la renovación. Con este arcano es posible que algo cambie en el plano sentimental, que renazcan nuevas emociones que se tenían adormiladas. Es preciso cuidarse de los impulsos destructivos que puedan aflorar por falta de confianza.

44. Yelahiah
"Dios Eterno".

Coro: Virtudes.
Signo astrológico: Escorpio.
Planeta: Marte.
Grados astrológicos de regencia: 13 de Tauro, 25 de Cáncer, 7 de Libra, 19 de Sagitario, 1 de Piscis, 5 a 9 de Escorpio.
Días de regencia: aproximadamente del 29 de octubre al 2 de noviembre.

Es ideal convocarlo para ganar un juicio y obtener el favor de los jueces. Protege contra la violencia y concede el triunfo en las empresas. También ayuda a realizar viajes con el fin de instruirse, ayuda a obtener los beneficios necesarios (becas) para poder progresar. Yelahiah revela que es un tiempo de transformación que requiere el coraje del consultante y la templanza necesaria para lograr el éxito. Hay mucha pasión, energía y voluntad que debe ser encaminada correctamente para obtener beneficios.

Los nacidos bajo su influjo: son seres que aman viajar y que obtienen éxito en todas sus empresas, se distinguirán por su coraje. El mal aspecto preside la guerra e influye sobre quienes violan sus reglas.

Mensaje: "Realizarás grandes acciones".

Favorable indica: éxito, victoria, coraje, beneficios, buenos finales, revelaciones, fuertes pasiones.

Adverso indica: difamación, excentricismo, engaño, hipocresía, fracaso, daño, perjuicio.

Consejo: "Ahora es necesario hacer ciertos cambios".

Oración: "Acoge, ¡Oh, Dios!, los sentimientos que mi boca expresa y enséñame tus leyes".

47. Asaliah
"Dios justo que indica la verdad".

Coro: Virtudes.
Signo astrológico: Escorpio.
Planeta: Venus.
Grados astrológicos de regencia: 16 de Tauro, 28 de Cáncer, 10 de Libra, 22 de Sagitario, 4 de Piscis, 20 a 24 de Escorpio.
Días de regencia: aproximadamente del 13 al 17 de noviembre.

Este ángel domina sobre la justicia. Se lo puede invocar para obtener la revelación de la verdad en los procesos, ya sean éstos internos o externos. También protege de los escándalos y ayuda a elevar el espíritu, ya que conecta con la belleza de la vida.

Los nacidos bajo su influencia: están dotados de un carácter amable y se apasionan por seguir sus ideales espirituales. El aspecto contrario domina sobre el ilusionismo e influye sobre todos los que propagan sistemas de creencias quiméricos.

MENSAJE: "La verdad está frente a ti".

FAVORABLE INDICA: compasión, buenos sentimientos e intenciones, buena fortuna, amor y pasión, soluciones económicas.

ADVERSO INDICA: corrupción, comodidad, inercia, aprovechamiento de los más débiles, egoísmo, fracaso en las relaciones.

CONSEJO: "Libérate de las falsas ilusiones".

ORACIÓN: "¡Cuán numerosas son tus obras, Eterno! Las has hecho todas con sabiduría".

24° CARTA

INTERPRETACIÓN GENERAL: es la clave de la luz que brilla en la oscuridad. Muchas veces buscamos lo que tenemos enfrente y no lo vemos. Es como el cuento de aquel que busca la mula mientras la está cabalgando. Este es un arcano que enseña que es necesario revalorizar lo que se posee, encontrar la luz en lo que nos rodea y darle una nueva categoría.

45. Sealiah

"Motor de todas las cosas".

CORO: Virtudes.

SIGNO ASTROLÓGICO: Escorpio.

PLANETA: Sol.

GRADOS ASTROLÓGICOS DE REGENCIA: 14 de Tauro, 26 de Cáncer, 8 de Libra, 20 de Sagitario, 2 de Piscis, 10 a 14 de Escorpio.

DÍAS DE REGENCIA: aproximadamente entre el 3 y el 7 de noviembre.

Este espíritu celeste protege de los orgullosos y de los malintencionados y eleva a quienes son humillados. Es un agente de sanación para todos los seres e influye sobre la naturaleza y sus espíritus. Mantiene a raya a los elementales negativos que afectan a las personas y a los animales. Se puede pedir su auxilio para la protección contra los malos espíritus, para la recuperación de las dolencias del cuerpo y del alma o, simplemente, para adquirir más vitalidad. Sealiah, en una situación desfavorable en el oráculo, indica que puede haber intrigas y mala disposición de parte del interesado o hacia su persona. Es necesario tener cuidado con los gastos excesivos o con los compromisos financieros que surjan en este tiempo. Es mejor prevenir y buscar el consejo de quienes saben más ante cualquier dificultad.

LOS NACIDOS BAJO SU INFLUENCIA: son personas que gustan y tienen facilidad de aprender cualquier cosa. No tendrán que preocuparse por su subsistencia, ya que se proveerán de todo lo necesario fácilmente.

El aspecto contrario domina sobre la atmósfera provocando grandes calores o fríos, sequías o exceso de lluvias.

MENSAJE: "Feliz es quien escucha las palabras sabias".

FAVORABLE INDICA: éxito, voluntad, revelaciones, sanación, amor feliz, liberación de daños.

ADVERSO INDICA: desequilibrio emocional, dramatismo, falta de objetividad, daño, secretos.

CONSEJO: "Déjate guiar por alguien sabio".

ORACIÓN: "Cuando digo: `mi pie vacila´, tu bondad, ¡Oh Señor!, me sirve de apoyo".

48. Michael o Mihael

"Dios Padre compasivo".

CORO: Virtudes.

SIGNO ASTROLÓGICO: Escorpio.

PLANETA: Venus.

GRADOS ASTROLÓGICOS DE REGENCIA: 17 de Tauro, 29 de Cáncer, 11 de Libra, 23 de Sagitario, 5 de Piscis, 25 a 29 de Escorpio.

Días de regencia: aproximadamente entre el 19 y el 22 de noviembre.

Es un ángel de paz y de comunión entre los que se aman. Brinda protección e inspira, y da presentimientos sobre sucesos futuros. Domina sobre la fertilidad y los partos y, además, se le puede pedir por la amistad y la fidelidad conyugal. Michael en el oráculo es un ángel que expresa la posibilidad de estrechar los lazos afectivos, o que da la posibilidad de vincularse con alguien nuevo; en este caso esta relación será muy importante para el consultante en un futuro no muy lejano.

Los nacidos bajo su influjo: son apasionados y sienten placer por la vida. Es posible que tengan muchos hijos. El aspecto contrario influye sobre el divorcio, la ostentación, la esterilidad y la inconstancia. Causa discordia en la pareja, celos e inquietud.

Mensaje: "Triunfarás sobre la adversidad".

Favorable indica: atracción, seducción, visión, renovación, fidelidad, espiritualidad profunda.

Adverso indica: traición, ruptura, fracaso, estancamiento, aislamiento, fantasías.

Consejo: "La caridad te ayudará a superar los obstáculos".

Oración: "El Eterno ha puesto en evidencia su fuerza salvadora y ante los pueblos ha manifestado su justicia".

25° CARTA

INTERPRETACIÓN GENERAL: este es el arcano del movimiento, enseña que mientras haya movimiento hay vida. No perder el ritmo es el secreto que lleva al éxito. Este movimiento no debe ser desordenado, debe ir dirigido con optimismo hacia ideales elevados. Quien elija este arcano tendrá buena suerte si no se deja guiar por el capricho, las fantasías o la excentricidad.

49. Vehuel
"Dios grande y superior".

CORO: Principados.
SIGNO ASTROLÓGICO: Sagitario.
PLANETA: Mercurio.
GRADOS ASTROLÓGICOS DE REGENCIA: 18 de Tauro, 0 de Leo, 12 de Libra, 24 de Sagitario, 6 de Piscis, 0 a 4 de Sagitario.
DÍAS DE REGENCIA: aproximadamente entre el 23 y 27 de noviembre.

Este principado domina sobre las personas notables por sus talentos y virtudes. Confiere el reconocimiento de los demás, incluso de los superiores. Asiste para obtener un cargo laboral más elevado y aporta la suerte necesaria para estar en el mejor lugar en el momento justo.

Vehuel expresa que es un período en que las ideas giran en torno a lugares lejanos, tanto materiales como espirituales. Es posible que haya inquietudes relacionadas con la espiritualidad, estudios o viajes, o ambas cosas. También puede indicar que surgirán oportunidades vinculadas con estos temas. De cualquier modo es aconsejable para el consultante pensar sobre ello y ver si no sería un camino para acercarse a los ideales. Ampliar los horizontes es la enseñanza de este ángel.

Los nacidos bajo su influjo: son sensibles y generosos, estimados por la gente de bien por sus virtudes. Se distinguen en la literatura, la jurisprudencia y la diplomacia. El genio contrario influye sobre los hombres egoístas, dominando el odio y la hipocresía.

Mensaje: "Comprenderás la ciencia divina, búscala como a un tesoro".

Favorable indica: curiosidad, inteligencia, viajes lejanos, buena aventura, estudios, negocios con beneficio.

Adverso indica: pereza, vanidad, movimiento inoperante, improductividad, torpeza, proyectos que no se concretan.

Consejo: "Inclina tu corazón al entendimiento".

Oración: "Grande es Dios y digno de alabanza. Su grandeza es insondable".

52. Imamiah
"Dios elevado por encima de todas las cosas".

Coro: Principados.

Signo astrológico: Sagitario.

Planeta: Luna.

Grados astrológicos de regencia: 21 de Tauro, 3 de Leo, 15 de Libra, 27 de Sagitario, 9 de Piscis, 15 a 19 de Sagitario.

Días de regencia: aproximadamente del 8 al 12 de diciembre.

Favorece la victoria sobre los enemigos. Es protector de los que viajan y protege a los que lo invocan por su libertad. Es un ángel de buena suerte, ayuda a mejorar las finanzas y a prosperar en asuntos que parecían abandonados. Imamiah expresa suerte, facilidad para solucionar los asuntos más difíciles, inteligencia emocional y presagia viajes o mudanzas que ayudarán a progresar.

LOS NACIDOS BAJO SU INFLUJO: son de temperamento fuerte y pujante, y tienen coraje para soportar las adversidades. El aspecto contrario domina sobre el orgullo, la maldad y la grosería.

MENSAJE: "Alégrate, nada te faltará".

FAVORABLE INDICA: amplios horizontes, oportunidades, intenciones generosas, viajes con o a causa de la familia, mudanza, visitantes de tierras lejanas.

ADVERSO INDICA: opresión, angustia, inquietud, descuido, charlatanería, exageración, no se obtienen logros a causa del vagabundeo mental.

CONSEJO: "No corras tras el viento".

ORACIÓN: "Doy gracias a Dios por su justicia, cantaré el nombre de Dios, el Altísimo".

26° CARTA

INTERPRETACIÓN GENERAL: es la clave del compromiso con los ideales, enseña que para alcanzarlos es necesario moverse sin perder de vista lo pequeño, que nada puede construirse con grandeza sin que primero se haga base en las cosas de la vida cotidiana. No se puede enseñar lo que no se ha aprendido, ya que seríamos ciegos guiando a otros ciegos. Es recomendable atender a los detalles, ya que ellos revelarán el secreto.

50. Daniel
*"El signo de las misericordias
o el ángel de las confesiones".*

CORO: Principados.
SIGNO ASTROLÓGICO: Sagitario.
PLANETA: Mercurio.
GRADOS ASTROLÓGICOS DE REGENCIA: 19 de Tauro, 1 de Leo, 13 de Libra, 25 de Sagitario, 7 de Piscis, 5 a 9 de Sagitario
DÍAS DE REGENCIA: aproximadamente del 28 de noviembre al 2 de diciembre.

Es un ángel de consuelo, asiste a aquellos que vivencian duelos de cualquier tipo. Domina sobre la justicia, los jueces y los abogados. Inspira a quienes están en muchas cosas a la vez y no pueden organizarse ni concentrarse en nada. También a elegir entre varias posibilidades. Aporta belleza y gracia. Daniel revela que para encontrar una solución es importante detenerse en qué cosas se deben rectificar; es posible que se haya prometido más de lo que se puede cumplir, o que debido a tener que responder a muchas obligaciones al mismo tiempo, se haya llegado a una encrucijada. No es conveniente escabullirse de lo que es importante, porque podemos arrepentirnos en el futuro.

Los nacidos bajo su influjo: son personas industriosas y tendrán protección contra las enfermedades. Se distinguirán por su elocuencia. El aspecto contrario domina sobre la vagancia y sobre los que se enriquecen a causa del trabajo ajeno. Inspira a vivir fuera de la ley.

Mensaje: "Fija tus objetivos y triunfarás".

Favorable indica: escritos, enseñanza y aprendizaje, altos ideales, franqueza, éxito en cualquier área.

Adverso indica: distracción, nerviosismo, desazón, ideas poco prácticas, no se obtienen logros, amores fugaces, poca o confusa comunicación.

Consejo: "Aparta la tristeza de tu corazón".

Oración: "Dios es clemente y compasivo, lento para enojarse y lleno de amor".

53. Nanael
"Dios que rebaja a los orgullosos".

Coro: Principados.

Signo astrológico: Sagitario.

Planeta: Saturno.

Grados astrológicos de regencia: 22 de Tauro, 4 de Leo, 16 de Libra, 28 de Sagitario, 10 de piscis, 20 a 24 de Sagitario.

Días de regencia: aproximadamente entre el 13 y el 17 de diciembre.

Domina sobre las altas ciencias, influye sobre los maestros, profesores y todos los que se dedican a la enseñanza. También ayuda a liberarse del karma de vidas pasadas y posibilita la evolución de quien lo invoca. Se le puede pedir la regeneración de cualquier cosa y la recuperación de la dignidad perdida. Nanael indica que la introspección y el compromiso con los ideales y la filosofía que se tienen, tendrán como consecuencia el éxito esperado. Es preciso detenerse y actuar con veracidad para llegar a la meta. Es un tiempo de mucho trabajo y esfuerzo que se verá recompensado.

LOS NACIDOS BAJO SU INFLUJO: son algo melancólicos y reservados. Gustan del reposo y la meditación. El aspecto contrario domina sobre la ignorancia, la pereza y la culpa.

MENSAJE: "Verás el fruto de tu esfuerzo".

FAVORABLE INDICA: profundidad espiritual, maestría, estabilidad anímica, viajes a causa de trabajo.

ADVERSO INDICA: desesperanza, escepticismo, demoras en los proyectos, problemas legales, fanatismo.

CONSEJO: "Confía en lo alto y serás coronado de júbilo".

ORACIÓN: "Yo sé que tus juicios son justos, y que me has humillado con razón".

27° Carta

Interpretación general: la idea fundamental de esta clave es la de enemigos ocultos y emboscadas. Puede ser que alguien esté empleando astucia en detrimento de otra persona. Esto puede ocasionar mucha tristeza. En síntesis: es una situación en la que poco se puede hacer, salvo que haya algún cambio a una situación más favorable. La lección es que cuando uno no se puede expandir exteriormente, tiene que buscar hacerlo interiormente.

51. Hahasiah

"Dios oculto".

Coro: Principados.
Signo astrológico: Sagitario.
Planeta: Luna.
Grados astrológicos de regencia: 20 de Tauro, 2 de Leo, 14 de Libra, 26 de Sagitario, 8 de Piscis, 10 a 14 de Sagitario.
Días de regencia: aproximadamente del 3 al 7 de diciembre.

Ayuda a obtener sabiduría. Domina sobre la química y la física, revelando los secretos de la naturaleza para la evolución del espíritu humano. Ayuda a quienes tienen amor por la sanación y que se dedican a profesiones ligadas a la salud. Hahasiah expresa que todo asunto tiende a florecer, el mensaje es optimista y revela que si bien se deben tomar recaudos acerca de la sobrevalorización de las posibilidades que se tienen, se podrán obtener muchos beneficios.

Los nacidos bajo su influjo: gustan de las ciencias abstractas, es posible que se inclinen a conocer las virtudes y propiedades de las plantas y de los minerales, para el beneficio de la humanidad. El aspecto contrario domina sobre los charlatanes y sobre los que abusan de la buena fe de las personas haciendo promesas falsas.

Mensaje: "Obra por el cumplimiento de tus sueños".

Favorable indica: viajes cortos, sanación, cambio de residencia, libertad, amor informal

Adverso indica: cambios desfavorables, acciones impulsivas, visiones erradas, nerviosismo.

Consejo: "Medita antes de decidir".

Oración: "¡Gloria a Dios por siempre, en sus obras Dios se regocije!".

54. Nithael
"Rey de los Cielos".

Coro: Principados
Signo astrológico: Sagitario.
Planeta: Saturno.
Grados astrológicos de regencia: 23 de Tauro, 5 de Leo, 17 de Libra, 29 de Sagitario, 11 de Piscis, 25 a 29 de Sagitario.
Días de regencia: aproximadamente entre el 18 y 22 de diciembre.

Este ángel aporta la longevidad. Rige sobre los reyes y los gobernantes. Estabiliza los gobiernos y otorga paz a las naciones que lo invoquen. Ayuda a mantener el empleo y a conservar los bienes, protege a los niños y defiende a los ancianos. Nithael revela que es preciso trabajar espiritualmente para alcanzar los sueños, es posible que haya sentimientos de agobio y tristeza y que la libertad de acción se encuentre limitada. Es mejor interiorizar cuál es la tarea que se quiere realizar, para entrar en acción más adelante.

Los nacidos bajo su influjo: son elocuentes, tienen muy buena reputación por sus conocimientos y se ganan la confianza de sus superiores por sus virtudes. El aspecto contrario domina sobre la ruina de los gobiernos, la desestabilización y la traición.

Mensaje: "Feliz es el que practica la prudencia".

Favorable indica: energía concentrada, ideales que se concretan, trabajo, beneficios legales.

Adverso indica: rigidez, tensión, intolerancia, desaprobación, inconsistencia, proyectos que quedan en el aire.

Consejo: "Confía en tu capacidad de expandirte".

Oración: "El Señor puso su trono en el cielo y su realeza gobierna el universo".

28° Carta

Interpretación general: la clave invita a encauzar el potencial interior por el camino correcto. La sabiduría está disponible y hay que ponerse a la altura de la situación y procurarse una buena guía. Representa a alguien que está buscando y lo hace mal, por eso hay que guiarlo para que busque bien. Para alcanzar esto, es necesario renunciar a una posición personalista y egoísta. La dificultad es que se ve el problema desde una óptica egoísta, defendiendo los propios intereses y, justamente, no se trata de eso.

55. Mebahiah
"Dios eterno."

Coro: Principados.
Signo astrológico: Capricornio.
Planeta: Júpiter.
Grados astrológicos de regencia: 24 de Tauro, 6 de Leo, 18 de Libra, 0 de Capricornio, 12 de Piscis, 0 a 4 de Capricornio.
Días de regencia: aproximadamente del 23 al 27 de diciembre.

Domina sobre el desarrollo de la espiritualidad y la ética. Si se desea tener hijos, es bueno invocarlo para la fertilidad. Influye sobre los que propagan la fe a través de todos los medios posibles. Se le puede pedir la propia regeneración y poder realizar un servicio espiritual.

Si Mebahiah es favorable, en esta clave indica que es posible que los asuntos del consultante se resuelvan favorablemente y que habrá recompensas por el esfuerzo realizado. Si es necesario pedir favores de alguna persona, ahora es el momento. Los NACIDOS BAJO SU INFLUJO: son desapegados de lo material, buscan la verdad y difunden la fe. El aspecto contrario domina la ambición, la mentira y la frustración.

MENSAJE: "Un corazón alegre atrae fortuna".

FAVORABLE INDICA: expansión, progreso en la profesión, reconocimiento del público y de superiores, oportunidades para no dejar pasar.

ADVERSO INDICA: abuso de poder, despotismo, arrogancia, pérdidas a causa de engaños, resentimientos que producen desgracias.

CONSEJO: "Anímate y entrégate con entusiasmo".

ORACIÓN: "Pero tú, Señor, reinas por siempre, y tu memoria permanece de generación en generación".

58. Ieialel

"Dios que satisface a las generaciones".

CORO: Arcángeles.
SIGNO ASTROLÓGICO: Capricornio.
PLANETA: Marte.
GRADOS ASTROLÓGICOS DE REGENCIA: 27 de Tauro, 9 de Leo, 21 de Libra, 3 de Capricornio, 15 de Piscis, 15 a 19 de Capricornio.
DÍAS DE REGENCIA: aproximadamente del 6 al 10 de enero.

Este arcángel es de una gran ayuda para aliviar la angustia y la pena. Ayuda a sobreponerse de las enfermedades y especialmente del mal de ojo. Rige sobre el hierro como metal y sobre todas las profesiones que se relacionan con él: los armeros y los herreros y en general a quienes comercian con él. Se le puede pedir asistencia contra la envidia y la maldad. Ieialel favorable indica que si se evita una conducta demasiado agresiva y peleadora, se ganará mucho más. Es posible comenzar un nuevo trabajo, o tener posibilidades de progresar. Igualmente se debe tener cuidado, ya que pueden aparecer conflictos relacionados con personas de autoridad, así que es mejor no insistir en lo que se pretende, si se quiere evitar esto.

Los nacidos bajo su influjo: son muy apasionados y claros en sus acciones. Aman las cosas bellas y las maneras elegantes. El aspecto contrario domina la cólera, la maldad y los homicidios.

Mensaje: "El coraje te lleva a la victoria".

Favorable indica: concreción de operaciones, organización, satisfacciones profesionales, objetivos claros, obligaciones que se cumplen.

Adverso indica: resquemor, animosidad, ambición desmedida, egoísmo, conflictos con personas de autoridad. Si quien consulta es mujer: dificultades con los hombres.

Consejo: "Evita los conflictos".

Oración: "Mi alma está turbada. Y Tú, Señor, ¿hasta cuándo tendré que esperar tu socorro?".

29° Carta

Interpretación general: la clave indica que hay grandeza, dignidad y gracia pero todavía no ha llegado el momento oportuno. Se tiene razón pero además se debe tener cuidado y paciencia porque los acontecimientos sólo serán propicios en el futuro.

Esta es una clave muy buena ya que hay luz espiritual, pero debe uno adecuarse a la situación que será propicia recién más adelante y saber esperar.

56. Poiel
"Dios que sostiene el universo".

Coro: Principados.
Signo astrológico: Capricornio.
Planeta: Júpiter.
Grados astrológicos de regencia: 25 de Tauro, 7 de Leo, 19 de Libra, 1 de Capricornio, 13 de Piscis, 5 a 9 de Capricornio.
Días de regencia: aproximadamente del 28 al 31 de diciembre.

Este es un ángel que provee aquello que se le pide. Domina la fama, la fortuna y la filosofía. Protege del orgullo y de la ambición desmedida. Poiel es un buen indicio para lograr prosperidad y para obtener beneficios en el área laboral. Tal vez sea necesario ocuparse de otros que están limitados en su situación por distintos motivos.

Los nacidos bajo su influjo: son modestos, moderados y de buen humor. Gozan de buena suerte gracias a su conducta. El aspecto contrario domina la ambición en exceso y el orgullo. Influye sobre los falsos maestros espirituales.

MENSAJE: "La providencia te sonríe, mantente en tu camino".

FAVORABLE INDICA: ingenio, reflexión, inteligencia, inversiones exitosas, búsqueda de verdades espirituales, beneficios laborales, desarrollo lento pero seguro.

ADVERSO INDICA: exceso de cautela, miedo, falta de creatividad, quietud, frialdad, avaricia afectiva y material.

CONSEJO: "Actúa con mesura".

ORACIÓN: "El Señor sostiene a todos los que caen y levanta a todos los que están encorvados".

59. Harahel

"Dios conocedor de todas las cosas".

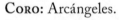

CORO: Arcángeles.

SIGNO ASTROLÓGICO: Capricornio.

PLANETA: Sol.

GRADOS ASTROLÓGICOS DE REGENCIA: 28 de Tauro, 10 de Leo, 22 de Libra, 4 de Capricornio, 16 de Piscis, 20 a 24 de Capricornio.

DÍAS DE REGENCIA: aproximadamente del 11 al 15 de enero.

Este ángel ayuda a la fertilidad de las mujeres y también a mejorar la relación con los hijos. Domina sobre los archivos, los escritos, los libros, las editoriales y los escritores. Se le puede pedir ayuda sobre estos temas y para obtener el reconocimiento en cuestiones relacionadas con la cultura y la política. Harahel revela que se está en el buen camino para obtener el reconocimiento esperado, que tal vez se demore un poco pero que, si se tiene paciencia, se conseguirá, sin tener que modificar nada de lo que se está haciendo.

Los nacidos bajo su influjo: tendrán facilidad para cultivarse y para los negocios especulativos, de los que obtendrán buenas ganancias. El aspecto contrario influye sobre la ignorancia, causa la ruina y las quiebras fraudulentas.

Mensaje: "Reconoce tu valor".

Favorable indica: capacidad de superación, obtención de bienes, reconocimiento profesional e intelectual, empeño benéfico, personas mayores que favorecen, posibilidad de amores maduros o con personas de más edad.

Adverso indica: aburrimiento, tristeza, esterilidad, impotencia, abatimiento, desfavorable para el juego, el azar.

Consejo: "No se deben tomar riesgos".

Oración: "Desde la salida del sol hasta su ocaso, ¡que el nombre del Señor sea alabado!".

30° CARTA

INTERPRETACIÓN GENERAL: esta clave aconseja autocrítica, autocontrol, disciplina, ser más lógico, más sutil, analizar minuciosamente la situación. También es conveniente recurrir a la ayuda de un guía, como afirmaba Lao Tse (Tao-Te-King): "en manos del hombre correcto los medios incorrectos se vuelven correctos" y "en manos del hombre incorrecto los medios correctos se vuelven incorrectos".

57. Nemamiah
"Dios Adorable".

CORO: Arcángeles.
SIGNO ASTROLÓGICO: Capricornio.
PLANETA: Marte.
GRADOS ASTROLÓGICOS DE REGENCIA: 26 de Tauro, 8 de Leo, 20 de Libra, 2 de Capricornio, 14 de Piscis, 10 a 14 de Capricornio.
DÍAS DE REGENCIA: aproximadamente del 1 al 5 de enero.

Es un ángel de prosperidad. Rige y protege a quienes luchan por una causa justa. Ayuda a vencer la parálisis surgida del miedo, moviliza y ayuda a avanzar hacia los objetivos. Limpia de obstáculos que pueden demorar un proyecto. Nemamiah indica que hay que ir hacia lo que se quiere con delicadeza, con coraje, pero sutilmente. Unir fuerza y blandura es aquí indispensable para lograr el éxito.

Los nacidos bajo su influjo: son seres con un gran coraje para alcanzar sus objetivos. No se detienen ante nada, se distinguen por su gran energía. El aspecto contrario domina sobre la traición, el abuso y la cobardía.

Mensaje: "Yo cuido tus pasos, confía en tu victoria".

Favorable indica: coraje, poder de decisión, energía creativa, conquista y triunfo, iniciativas acertadas.

Adverso indica: irritabilidad, egoísmo, cobardía, obstáculos en los esfuerzos, daños o energías negativas provenientes de la frustración profesional.

Consejo: "Libérate de los miedos, tu suerte está esperando".

Oración: "Quien tema al Señor, confíe en Él, que es su socorro y su coraza".

60. Mitzrael
"Dios que alivia a los oprimidos".

Coro: Arcángeles.

Signo astrológico: Capricornio.

Planeta: Sol.

Grados astrológicos de regencia: 29 de Tauro, 11 de Leo, 23 de Libra, 5 de Capricornio, 17 de Piscis, 25 a 29 de Capricornio.

Días de regencia: aproximadamente del 16 al 20 de enero.

Este ser ayuda a curar las enfermedades del alma y de la mente. Libera a quienes son acosados y domina a las personas que son famosas por sus talentos y virtudes. Es favorable para tener buenos empleados y para tener una buena relación con ellos. Mitzrael indica que la situación es beneficiosa para el consultante y que, con confianza, logrará superar los obstáculos que se presentan.

Los nacidos bajo su influjo: tienen muy buen humor y larga vida. El aspecto contrario domina sobre la infidelidad, inspira malas adicciones y desobediencia.

Mensaje: "Mira hacia lo alto y desea lo que quieras".

Favorable indica: fidelidad, compromiso amoroso, paciencia, éxito laboral o profesional.

Adverso indica: soledad, tensión, actitud materialista, descontento, estrechez de miras.

Consejo: "No temas a la soledad".

Oración: "El Señor es justo en todas sus acciones y misericordioso en todas sus obras".

31° CARTA

INTERPRETACIÓN GENERAL: es la clave de los detalles. Indica que es un tiempo en que es mejor conformarse con lo que se tiene. Como dice un viejo proverbio: "el que no tiene lo que quiere, que quiera lo que tiene". Es bueno atender a los pequeños gestos con relación a las amistades y a aquellas personas con las que se tienen intereses en común.

61. Umabel
"Dios por encima de todas las cosas".

CORO: Arcángeles.
SIGNO ASTROLÓGICO: Acuario.
PLANETA: Venus.
GRADOS ASTROLÓGICOS DE REGENCIA: 0 de Géminis, 12 de Leo, 24 de Libra, 6 de Capricornio, 18 de Piscis, 0 a 4 de Acuario.
DÍAS DE REGENCIA: aproximadamente del 21 al 25 de enero.

Se le puede pedir obtener la amistad de una persona (se la debe nombrar). También rige sobre la astronomía y la física e influye y ayuda a todos los que siguen profesiones relacionadas con estos campos. Colabora para obtener practicidad y orden en las cosas. Umabel anuncia que puede haber oportunidades para la relación amorosa entre los amigos, o que el amor puede tener una cualidad amistosa. Lo importante es que es aconsejable confiar en las amistades y reunirse socialmente.

Los nacidos bajo su influjo: gustan de viajar y disfrutan de la vida, son muy idealistas y es probable que se sientan atraídos por las relaciones inusuales.

El aspecto contrario influye sobre los depravados, la indolencia y el encierro.

Mensaje: "Sólo el que ama es verdaderamente libre".

Favorable indica: buenas amistades, amores amigos, vínculos con personas originales, se establecen nuevas relaciones, deseos realizados, beneficios a través de grupos o instituciones.

Adverso indica: soledad, amor infortunado, cambios amorosos, limitación, posesividad abrumadora, ruptura.

Consejo: "No te dejes encandilar por lo nuevo".

Oración: "Bendito el nombre de Dios, desde ahora y por siempre".

64. Mehiel

"Dios que vivifica todas las cosas".

Coro: Arcángeles.

Signo astrológico: Acuario.

Planeta: Mercurio.

Grados astrológicos de regencia: 3 de Géminis, 15 de Leo, 27 de Libra, 9 de Capricornio, 21 de Piscis, 15 a 19 de Acuario.

Días de regencia: aproximadamente del 5 al 9 de febrero.

Es necesario invocar a este ángel frente a las adversidades. Protege contra los animales feroces y la rabia. Favorece a los escritores, a los intelectuales, a los profesores de letras y a todos los que se relacionan de alguna manera con la palabra escrita o hablada. Inspira y da buena suerte para la difusión de las ideas. Mehiel revela que, si se siguen las ideas o intuiciones que se tengan, se obrará acertadamente.

Los nacidos bajo su influjo: son personas que se distinguen en la literatura, tolerantes, compresivos e hipersensibles. El aspecto contrario domina sobre los soberbios, la crítica y los falsos sabios.

Mensaje: "Lleva tus ideales a la práctica".

Favorable indica: grandes ideas, inspiración práctica, viajes, buena comunicación, éxito legal o comercial.

Adverso indica: pensamientos desconectados, malas elecciones, objetivos que no se concretan, actitud crítica, juicios erróneos, reacciones adversas.

Consejo: "Toma en cuenta a quienes te rodean".

Oración: "Los ojos del Señor están en sus fieles, sobre los que esperan en su amor".

32° CARTA

INTERPRETACIÓN GENERAL: esta es la clave que presagia bienes espirituales y materiales. Es el acceso a lo bello y lo noble en todas sus formas, el confort, índice de suavidad, alegría, comodidad y romanticismo. Es aconsejable aprovechar el tiempo bueno porque, después, esta oportunidad va a pasar. Se puede gozar de popularidad, simpatía, recibir propuestas favorables que no provengan tanto de los méritos sino, más bien, de los lazos de simpatía que se estrechan con personas de autoridad. Sin duda, se hace notar el buen efecto kármico.

62. Iah-hel

"Ser Supremo".

CORO: Arcángeles.
SIGNO ASTROLÓGICO: Acuario.
PLANETA: Venus.
GRADOS ASTROLÓGICOS DE REGENCIA: 1 de Géminis, 13 de Leo, 25 de Libra, 7 de Capricornio, 19 de Piscis, 5 a 9 de Acuario.
DÍAS DE REGENCIA: aproximadamente del 26 al 30 de enero.

Ayuda a obtener sabiduría para enfrentar situaciones difíciles. Domina sobre los filósofos, los maestros espirituales y sobre los que llevan una vida monástica. Brinda paz, serenidad, la posibilidad de poder cumplir con las promesas realizadas, o que los demás lo hagan. Baja el nivel de ansiedad y protege contra el divorcio y las separaciones. Este ángel anuncia buenos momentos, los amigos ayudan, se encontrarán soluciones y se renovarán los lazos de afecto.

Los nacidos bajo su influjo: son tranquilos y solitarios, cumplen con sus promesas y sus deberes. Se distinguen por ser modestos y seguros. Pueden llegar a ser buenos maestros. El aspecto contrario domina el escándalo, el lujo, la inconstancia y el divorcio.

Mensaje: "Disfruta las bondades de este tiempo".

Favorable indica: objetivos en común, contacto social, benefactores, prestigio, encuentros amorosos, se consiguen beneficios a través de mujeres.

Adverso indica: amistades interesadas, rupturas, alejamiento, desencanto, tristeza.

Consejo: "No te dejes llevar por tus emociones".

Oración: "Pero yo amo tus ordenanzas, Señor, dame la vida por tu amor".

65. Damabiah
"Dios fuente de sabiduría".

Coro: Ángeles Custodios.
Signo astrológico: Acuario.
Planeta: Luna.
Grados astrológicos de regencia: 4 de Géminis, 16 de Leo, 28 de Libra, 10 de Capricornio, 22 de Piscis, 20 a 24 de Acuario.
Días de regencia: aproximadamente del 10 al 14 de febrero.

Este ser celestial ayuda a obtener buenos resultados de los proyectos. Bajo su auspicio se consiguen excelentes resultados en exámenes, entrevistas laborales, presentaciones, etc.

Asiste para encontrar amigos con quien compartir ideas y tener objetivos en común. Cuando este ángel aparece en la tirada en modo favorable, indica que es necesario sostener los ideales, ya que éstos se materializarán aun a largo plazo. Si el consultante no tiene todavía sus objetivos claros, es preciso que se abra a la posibilidad de realizar cambios en su vida que lo conecten con los sueños que alguna vez tuvo, para ahora llevarlos a cabo.

LOS NACIDOS BAJO SU INFLUJO: tendrán suerte y son muy buenos investigadores. Son movedizos, inquietos, de humor variable y a veces algo caprichosos. La energía contraria domina sobre la crueldad, la ingratitud, la mediocridad y el descontrol emocional.

MENSAJE: "Rescata la mirada de tu niñez".

FAVORABLE INDICA: inocencia, veracidad, protección, contención, viajes cercanos, revelación de una verdad.

ADVERSO INDICA: posesión, celos, envidia, crítica cruel, amigos con problemas, angustia.

CONSEJO: "Apoya a quien te necesita".

ORACIÓN: "¡Vuélvete Señor! ¿Hasta cuándo...? Ten compasión de tus servidores".

33° CARTA

INTERPRETACIÓN GENERAL: esta clave indica avance, ascenso, honores, recuperar lo que se perdió. Muestra a una persona que es inteligente y está en el llano pero que, con el uso de su inteligencia, logra su ascenso. En síntesis, esta combinación da avance, honor, progreso positivo en su buen aspecto. En lo negativo puede indicar dispersión mental y frívolas habladurías. El progreso es efímero porque no se hace nada concreto ni positivo y así se pierde la situación y el prestigio, malgastando el esfuerzo en tonterías.

63. Anauel
"Dios infinitamente bueno".

CORO: Arcángeles.
SIGNO ASTROLÓGICO: Acuario.
PLANETA: Mercurio.
GRADOS ASTROLÓGICOS DE REGENCIA: 2 de Géminis, 14 de Leo, 26 de Libra, 8 de Capricornio, 20 de Piscis, 10 a 14 de Acuario.
DÍAS DE REGENCIA: aproximadamente del 31 de enero al 4 de febrero.

Este ángel confunde a los enemigos, protege contra los accidentes y conserva la salud. Domina sobre el comercio, los banqueros y los empleados. Sus tiempos de regencia son buenos para la práctica del comercio, o para cerrar acuerdos y contratos comerciales. Protege contra la locura y evita la ruina a causa de la mala conducta. Anauel llama a lo grande, a emplear la inteligencia y las ideas para alcanzar lo que se quiere. Si se aplican estas últimas en algo productivo, habrá éxito.

Los nacidos bajo su influjo son: muy hábiles con los negocios. Son personas muy activas y tienen un espíritu sutil, ingenioso e inteligencia práctica. El aspecto contrario domina sobre las deudas, la locura, la ruina.

Mensaje: "Piensa y crea".

Favorable indica: ingenio, inteligencia, buenos negocios, trabajo creativo, intercambio, sociabilidad.

Adverso indica: torpeza, nerviosismo, energías dispersas, discusiones, disolución, estafa, malos acuerdos o contratos comerciales.

Consejo: "No te encarceles en tus ideas".

Oración: "Sirvan a Dios con temor, con temblor besen sus pies".

66. Manakel

"Dios que asiste y conserva todas las cosas".

Coro: Ángeles Custodios.
Signo astrológico: Acuario.
Planeta: Luna.
Grados astrológicos de regencia: 5 de Géminis, 17 de Leo, 29 de Libra, 11 de Capricornio, 23 de Piscis, 25 a 29 de Acuario.
Días de regencia: aproximadamente del 15 al 19 de febrero.

Manakel ayuda a calmar la ira, el enojo y la cólera. Da paz, fortaleza y comprensión. Influye benéficamente sobre las plantas y los animales acuáticos. Da conocimientos a través de los sueños para encontrar soluciones. Facilita las mudanzas, conforta en los procesos de cambio y ayuda a conocer las criaturas elementales del agua. Libera de los sentimientos de culpa y permite dormir profundamente. Este ángel en una tirada puede indicar que quien lo consulta siente una pesada carga emocional, que se siente atada de algún modo. También puede indicar una necesidad de recobrar el encanto por la vida.

Mensaje: "Confía, que estoy cerca".

Los nacidos bajo su influjo: son personas sensibles a los problemas humanitarios. Buscan la libertad emocional y son proclives a hacer muchos amigos y a tener mucho contacto social. La energía contraria domina sobre la locura, la pereza, la introversión y la hipersensibilidad.

Favorable indica: procesos que llegan a su fin, mudanza, cambios, novedades, emociones compartidas.

Adverso indica: falsas amistades, engaño, emociones descontroladas, ilusionismo, falta de intimidad, miedo a perder la autonomía.

Consejo: "Cree en tu potencial, no pierdas oportunidades".

Oración: "Pero tú, Señor, no me abandones, Dios mío no te quedes lejos de mí".

34° CARTA

INTERPRETACIÓN GENERAL: la clave está en que cuando aparecen los primeros síntomas de corrupción hay que actuar inmediatamente, ya que el que no actúa permite que el caos llegue. Puede haber madurez interna, evolución espiritual y autocrítica. La mejor forma de evitar la decadencia es mediante una autocrítica permanente, de lo contrario, aquella se torna inevitable. Esto, aplicado sobre el individuo, sugiere que tiene que trabajar sobre su personalidad, mejorando y limando imperfecciones, labrando nuevas virtudes, poniéndose límites y reflexionando. Y esto no proviene de afuera, sino que es la autocorrección la que le dice a uno mismo que eso no lo puede ni lo debe hacer. Si este arcano sale, indica que algo ha cambiado para mal, aconseja vigilancia para evitar que eso progrese, implica cortar de raíz los problemas en uno mismo. Mientras los enemigos internos no estén dominados, los externos reaparecerán invariablemente. Por tal motivo, es aconsejable darse cuenta de que enemigos internos han renacido por una actitud equivocada, de egoísmo o de soberbia. Autocontrol y corrección son indispensables para evitar que surjan dificultades.

67. Eiael

"Dios encanto de los niños y de los hombres".

CORO: Ángeles Custodios.
SIGNO ASTROLÓGICO: Piscis.

Planeta: Saturno.

Grados astrológicos de regencia: 6 de Géminis, 18 de Leo, 0 de Escorpio, 12 de Capricornio, 24 de Piscis, 0 a 4 de Piscis.

Días de regencia: aproximadamente del 20 al 24 de febrero.

Este es un ser de consuelo y de sabiduría. Eiael conforta el corazón de quien está desolado por un duelo o la adversidad. Domina sobre los cambios, la duración de la vida y la conservación de los bienes materiales. Cuando este ángel aparece en la tirada, es probable que quien lo consulta esté muy ligado al pasado, tome la vida muy seriamente y, tal vez, hasta con temor. Se puede estar construyendo sobre cimientos poco firmes.

Los nacidos bajo su influjo: son seres comprensivos, humildes y simpáticos. A veces necesitan de la soledad para reponer su energía vital. La energía contraria domina sobre la irresponsabilidad, el egoísmo y la amargura.

Mensaje: "Un ciclo está culminando, descubre en tu interior una nueva posibilidad".

Favorable indica: profundidad espiritual, estabilidad, meditación, paz, entendimiento espontáneo.

Adverso indica: tristeza, melancolía, soledad, prueba, inseguridad, fracaso, bajas defensas espirituales, daño proveniente de enemigos ocultos.

Consejo: "No te juzgues negativamente, sólo comprende".

Oración: "Que el Señor sea tu deleite. Él colmará los deseos de tu corazón".

70. Jabamiah
"Verbo que produce todas las cosas".

Coro: Ángeles Custodios.
Signo astrológico: Piscis.

Planeta: Júpiter.

Grados astrológicos de regencia: 9 de Géminis, 21 de Leo, 3 de Escorpio, 15 de Capricornio, 27 de Piscis, 15 al 19 de Piscis.

Días de regencia: aproximadamente del 7 al 11 de Marzo. Este ángel preside la generación, regeneración y los fenómenos naturales. Ayuda a superar las adicciones y devuelve la dignidad perdida. Asiste en devolver las funciones perdidas por la enfermedad. Es posible, con su ayuda, restablecer la armonía hogareña. Cuando sale este ángel en la tirada, el mismo denota tranquilidad, equilibrio, generosidad. También indica abundancia y una época ideal para hacer meditación o un retiro espiritual. Hay protección contra cualquier mal que le puedan querer hacer al consultante.

Los nacidos bajo su influjo: son seres generosos, piadosos y sensibles. Se destacan por su optimismo y por el desarrollo de la conciencia desde el punto de vista interno. La energía contraria domina sobre el escapismo, la irresponsabilidad y el ateísmo.

Mensaje: "Contagia tu optimismo a los que están tristes".

Favorable indica: expansión, optimismo, generosidad, protección, alegría, ayuda en los propósitos, creatividad, unión espiritual.

Adverso indica: evasión, sensiblería, falta de sostén, negligencia, fracaso por descuido.

Consejo: "·Medita sobre lo que evitas enfrentar".

Oración: "Al principio Dios creó el Cielo y la Tierra".

35° CARTA

INTERPRETACIÓN GENERAL: esta clave indica una situación difícil y de peligro, con obstáculos que no pueden ser superados directamente. No se pueden enfrentar dificultades que uno es incapaz de vencer, actuando en forma directa. Indica una advertencia seria para amoldar el carácter, para entender la vida y comprender sus leyes, para adquirir prudencia, tino y sabiduría. Ahora no se debe actuar bajo ningún punto de vista. Es necesario no dar rienda suelta a los impulsos porque se fracasará.

68. Habuhiah
"Dios que ofrece con magnificencia".

CORO: Ángeles Custodios.
SIGNO ASTROLÓGICO: Piscis.
PLANETA: Saturno.
GRADOS ASTROLÓGICOS DE REGENCIA: 7 de Géminis, 19 de Leo, 1 de Escorpio, 13 de Capricornio, 25 de Piscis, 5 al 9 de Piscis.
DÍAS DE REGENCIA: aproximadamente del 25 al 1 de marzo.
　　Domina sobre la sanación, ayuda a restaurar la armonía del cuerpo. Domina sobre la fecundidad y la agricultura. Habuhiah colabora en la liberación del karma, de las deudas contraídas por los ancestros o de los actos cometidos en esta vida o en vidas anteriores. Estimula las decisiones definitivas en relaciones amoro-

sas y brinda asistencia en la fertilidad en todos los órdenes. Este ángel dice que es posible que las cosas lleguen a un término, ya que indica un tiempo de definiciones. Es posible que el consultante no tenga claros sus objetivos o que su visión sea demasiado negativa sobre sí mismo.

Los NACIDOS BAJO SU INFLUJO: son seres que gustan de la soledad, responsables, firmes y con un gran compromiso espiritual. La energía contraria domina sobre el pesimismo, el temor, la depresión y la ansiedad.

MENSAJE: "Reflexiona sobre tus ideales".

FAVORABLE INDICA: trabajo espiritual, introspección, conclusiones favorables, curación.

ADVERSO INDICA: temores, indefinición, vaguedad, desequilibrio psicofísico, engaño, incertidumbre, tristeza.

CONSEJO: "No te esfuerces sin tener claro tu objetivo".

ORACIÓN: "Den gracias al Señor, porque es bueno. ¡Porque es eterno su amor!".

71. Haiael
"Dios Señor del universo".

SIGNO ASTROLÓGICO: Piscis.

PLANETA: Marte.

GRADOS ASTROLÓGICOS DE REGENCIA: 10 de Géminis, 22 de Leo, 4 de Escorpio, 16 de Capricornio, 28 de Piscis, 20 al 24 de Piscis.

DÍAS DE REGENCIA: aproximadamente del 12 al 16 de marzo.

Haiael es un ángel de protección, confunde a los enemigos y rescata a los oprimidos. Rige sobre el hierro y todo lo referente al género militar. Ayuda en la liberación de situaciones de angustia y de subyugación, dando paz en las discordias. Cuando sale en la consulta, indica que se tiene voluntad para encontrar soluciones, pero que hay que vigilar el modo en que esto se hace. Puede que se esté en un período en donde uno se sienta más irritado e intolerante con los demás. Es mejor descansar, recuperar energías y evitar las disputas.

LOS NACIDOS BAJO SU INFLUJO: son personas muy sensibles emocionalmente y que tienden a lograr sus objetivos por medios indirectos. Muy trabajadores, pueden tener éxito a través de profesiones artísticas. La energía contraria domina sobre el alcoholismo, las drogas, la guerra e incita al uso de las armas.

MENSAJE: "Confía en tu poder psíquico".

FAVORABLE INDICA: talento artístico, solidaridad, amor espiritual, pasión romántica, energías psíquicas positivas.

ADVERSO INDICA: falta de confianza, irresolución, acusaciones falsas, enemistades, falta de dominio mental y emocional, falta de energía psicofísica.

CONSEJO: "Busca en ti la causa de tu inquietud".

ORACIÓN: "Yo daré gracias al Señor en alta voz, lo alabaré en medio de la multitud".

36° Carta

Interpretación general: esta es la clave de la cooperación. Aquí todas las manos se unen y se sincronizan en una tarea en común que hace al interés general y no al particular. La desunión se supera, mientras que el egoísmo y la rigidez se disuelven y desaparecen.

Hay una generosa fuerza espiritual que eleva todo más allá de los intereses mezquinos y particulares. Este arcano anuncia el final de un ciclo para que uno nuevo comience.

69. Rochel
"Dios que todo lo ve".

Coro: Ángeles Custodios.
Signo astrológico: Piscis.
Planeta: Júpiter.
Grados astrológicos de regencia: 8 de Géminis, 20 de Leo, 2 de Escorpio, 14 de Capricornio, 26 de Piscis, 10 al 14 de Piscis.
Días de regencia: aproximadamente del 2 al 6 de marzo.

Este ángel ayuda a encontrar objetos perdidos o robados, e incluso a conocer a quien los tiene. Aporta entusiasmo espiritual, sentido de trascendencia mediante el conocimiento de lo superior. Asiste en todos los procesos legales y domina sobre los magistrados, abogados y notarios. Cuando Rochel aparece en la tirada indica que la suerte ayuda al consultante y que sus asuntos tendrán un buen fin. La persona está protegida espiritualmente y es posible que un ciclo se termine porque se ha cumplido con los objetivos. Existe la posibilidad de que se encuentre a un maestro espiritual que dé una visión más amplia de la vida.

Los nacidos bajo su influjo: son seres bondadosos, confiados en su suerte en el plano espiritual, más que en el material. Tienen una gran inclinación por ayudar a los menos afortunados y se solidarizan con las causas justas. La energía contraria domina sobre la pereza, la autoindulgencia y el abandono.

Mensaje: "Es tiempo de un retiro espiritual".

Favorable indica: acción desinteresada, solidaridad, protección, buenaventura, ayuda, unión mística, inspiración.

Adverso indica: egoísmo, procesos que no tienen fin, abandono, aprovechamiento, abuso.

Mensaje: "No te limites, amplía tu mirada y podrás alcanzar lo que te propongas".

Oración: "El Señor es la parte de mi herencia y mi cáliz, tú decides mi suerte".

72. Mumiah
"Fin de todas las cosas".

Coro: Ángeles Custodios.
Signo astrológico: Piscis.
Planeta: Marte.
Grados astrológicos de regencia: 11 de Géminis, 23 de Leo, 5 de Escorpio, 17 de Capricornio, 29 de Piscis. 25 al 29 de Piscis.
Días de regencia: aproximadamente del 17 al 21 de marzo.

Mumiah protege todas las acciones misteriosas y mágicas. Ayuda a poner fin a lo que se quiera y obtener lo que se necesite. Domina sobre la química, la medicina y la salud.

Se le puede pedir asistencia para descubrir secretos de la naturaleza que sean propicios para la salud de los seres humanos y la protección de quienes están desesperados o deprimidos. Cuando Mumiah aparece en la consulta, es posible que sea necesario poner fin a un asunto que ya no va más, para dar lugar a algo nuevo.

LOS NACIDOS BAJO SU INFLUJO: son seres bondadosos que buscan la unidad espiritual a través de la asistencia a los que sufren. Es posible que trabajen en hospitales o asilos o que estén relacionados con la salud en alguna forma. La energía contraria domina sobre el mal humor, la mentira y la intolerancia.

MENSAJE: "Ora y labora, hay mucho para hacer".

FAVORABLE INDICA: sinceridad, misterio que se revela, fin de una etapa, buenas decisiones, acción desinteresada, comunión.

ADVERSO INDICA: irritabilidad, enojo, reserva, mengua, desprotección, soledad, debilidad, opresión, situaciones agobiantes.

CONSEJO: "Fortalece tus debilidades".

ORACIÓN: "Alma mía, recobra tu calma. Porque el Señor ha sido bueno contigo".

VII

Cómo invocar
a los ángeles del oráculo

Cuando necesitamos afianzar una determinada energía angélica en un momento de nuestra vida, es beneficioso realizar una ceremonia angélica. Los ángeles invocados nos proveerán de la energía necesaria para transformar los aspectos de nuestra vida que creemos necesario cambiar. Como verán, cada uno de estos ángeles posee distintos dones que podemos atraer mediante un ceremonial. Imaginemos que estamos en un momento de nuestra vida en que queremos progresar laboralmente pero sentimos que estamos obstaculizados y no tenemos la fuerza suficiente para superarnos. Entonces, buscaremos cuáles son los ángeles que nos pueden infundir esta energía; en este caso serían apropiados los que integran la carta número 16, Lecabel y Lehahiah, y los vamos a invocar a ambos durante nueve días, alternando un día a uno y otro día a otro hasta finalizar.

Si estamos pasando por un problema sentimental, elegiremos otros ángeles, en este caso, por ejemplo, podrían ser los de la carta 3. Los ángeles de cada carta se complementan y se potencian entre sí, generando una acción integral. Eso no impide que, si lo deseamos, podamos elegir uno sólo a quien hacer la petición durante los nueve días.

La ceremonia

Colocaremos la carta frente a nosotros. Si es posible, es conveniente tener encendida una vela blanca, y un poco de incienso sobre un carbón incensario en un recipiente que soporte el calor. A continuación, relajarse unos minutos haciendo un silencio interno para realizar la petición. La actitud debe ser la que tenemos cuando vamos al encuentro de alguien que apreciamos y respetamos. Es una cita angélica.

Sentados, de pie o de rodillas –lo importante es sentirse cómodos– se respira tres veces en forma lenta; se inhala paz y se sopla inquietud. Luego se dice:

"En el Bendito Nombre de todo lo creado, Yo (aquí se dice el nombre propio) invoco a (se nombra al ángel) para que por su virtud y su fuerza me asista en (aquí se hace el pedido correspondiente). Así sea".

Luego, se repite la oración correspondiente al ángel, nueve veces.

Como dije anteriormente, se alterna el pedido un día y otro a los ángeles de la carta elegida, hasta completar los nueve en total. Hay que prestar atención en dejar hacia arriba al ángel al que toca invocar en ese día. Durante el tiempo que dura la novena intentar tener presente los mensajes y los consejos que atañen a estos ángeles. La carta con la que se realiza la ceremonia puede volver a colocarse dentro del mazo con las demás, por si se necesita realizar otras consultas al oráculo. Si se va a emplear una vela, dejar que se consuma la misma cada día. Tenga el cuidado de ponerla en un lugar seguro.

Los elementos para la invocación

Siempre que sea posible, se emplean lo que llamamos objetos rituales, que son los que van a facilitar la atracción de la fuerza angélica. Estos elementos "abren" la energía que nos rodea, para que los ángeles puedan expresarse con mayor comodidad. Hay que poner especial cuidado en que los elementos que se empleen sean adquiridos en tiendas que no ofrezcan también productos "oscuros" como velas negras, de forma o de mala calidad mágica, ya que existe un contagio energético que puede invalidar el esfuerzo.

Las resinas o hierbas se pueden quemar sobre carbones incensarios (los que se emplean en las iglesias), también elementos mágico-alquímicos consagrados para este fin, como los elaborados en el laboratorio "Hermes"*. Si por alguna razón no pueden utilizarse estos elementos o alguno de ellos, igualmente puede realizarse la petición. Esto no invalida el encuentro, ya que el objetivo de los soportes rituales simplemente es el de facilitar la expresión angélica.

"Ustedes, ustedes a los que amamos. Ustedes no nos ven. No nos oyen. Nos imaginan muy lejos y estamos muy cerca. Somos los mensajeros para acercar a los alejados. No somos el mensaje. Somos los mensajeros. El mensaje es el amor. Nosotros no somos nada. Ustedes lo son todo para nosotros. Déjennos vivir en sus ojos. Vean su mundo a través de nosotros. Reconquisten su mirada amorosa de nuevo. Entonces estaremos cerca de ustedes y ustedes de Él".

Final de la película *Tan lejos tan cerca* (1993),
dirigida por: Wim Wenders.

Para conocer estos productos puede dirigirse a la pagina web: *www. espacioarcano.com* o ponerse en contacto con la autora: *miriamcolecchio@ hotmail.com*

Índice